**里程碑
文库**
THE
LANDMARK
LIBRARY

**人类文明的高光时刻
跨越时空的探索之旅**

[英]阿德里安·戈兹沃西 ▸ 著
大婧 ▸ 译

罗马帝国的荣光
与文明世界的尽头
ROME AND THE LIMITS OF EMPIRE
BY ADRIAN GOLDSWORTHY

HADRIAN'S WALL
哈德良长城

北京燕山出版社
BEIJING YANSHAN PRESS

雪中的哈德良长城。这是位于考菲尔德的42号里堡,长城沿线保存得最好的小堡垒之一,这种小堡垒每1罗马里就建有一个。

哈德良长城：
罗马帝国的荣光与文明世界的尽头

[英] 阿德里安·戈兹沃西 著
大婧 译

图书在版编目（CIP）数据

哈德良长城：罗马帝国的荣光与文明世界的尽头 /（英）阿德里安·戈兹沃西著；大婧译. -- 北京：北京燕山出版社，2020.12
（里程碑文库）
书名原文：Hadrian's Wall：Rome and the Limits of Empire
ISBN 978-7-5402-5824-5

Ⅰ.①哈… Ⅱ.①阿…②大… Ⅲ.①罗马帝国－历史 Ⅳ.①K126

中国版本图书馆CIP数据核字（2020）第206140号

Hadrian's Wall
by Adrian Goldsworthy

First published in 2018
by Head of Zeus Ltd
Copyright © Adrian Goldsworthy 2018
Simplified Chinese edition © 2020 by United Sky (Beijing) New Media Co., Ltd.

北京市版权局著作权合同登记号 图字：01-2020-5666 号

选题策划	联合天际	特约编辑	宁书玉
版权统筹	李晓苏	版权运营	郝 佳
编辑统筹	李鹏程 边建强	营销统筹	绳 珺 王雅斓
视觉统筹	艾 藤	美术编辑	程 阁

责任编辑	刘占凤 赵 琼
出　　版	北京燕山出版社有限公司
社　　址	北京市丰台区东铁匠营苇子坑138号嘉城商务中心C座
邮　　编	100079
电话传真	86-10-65240430（总编室）
发　　行	未读（天津）文化传媒有限公司
印　　刷	小森印刷（北京）有限公司
开　　本	889毫米×1194毫米　1/32
字　　数	140千字
印　　张	6.5印张
版　　次	2020年12月第1版
印　　次	2020年12月第1次印刷
书　　号	ISBN 978-7-5402-5824-5
定　　价	68.00元

关注未读好书

未读CLUB
会员服务平台

本书若有质量问题，请与本公司图书销售中心联系调换
电话：(010) 5243 5752

未经许可，不得以任何方式
复制或抄袭本书部分或全部内容
版权所有，侵权必究

目 录

	序言	1
1	不列颠尼亚：帝国的前哨	15
2	哈德良的为人、为帝和宏伟计划	31
3	长城的建造与驻守：军团和辅助部队	45
4	新部署：从安东尼·庇护到塞普蒂米乌斯·塞维鲁	61
5	解析哈德良长城	77
6	要塞与城镇：士兵与平民	93
7	长城上的生活	109
8	哈德良长城的运作：解读证据	133
9	时代的变迁与帝国的终结	145
10	拜访哈德良长城	169
	推荐阅读	175
	相关事件年表	181
	附录	186
	致谢	189
	图片来源	190
	注释	191
	译名对照表	194

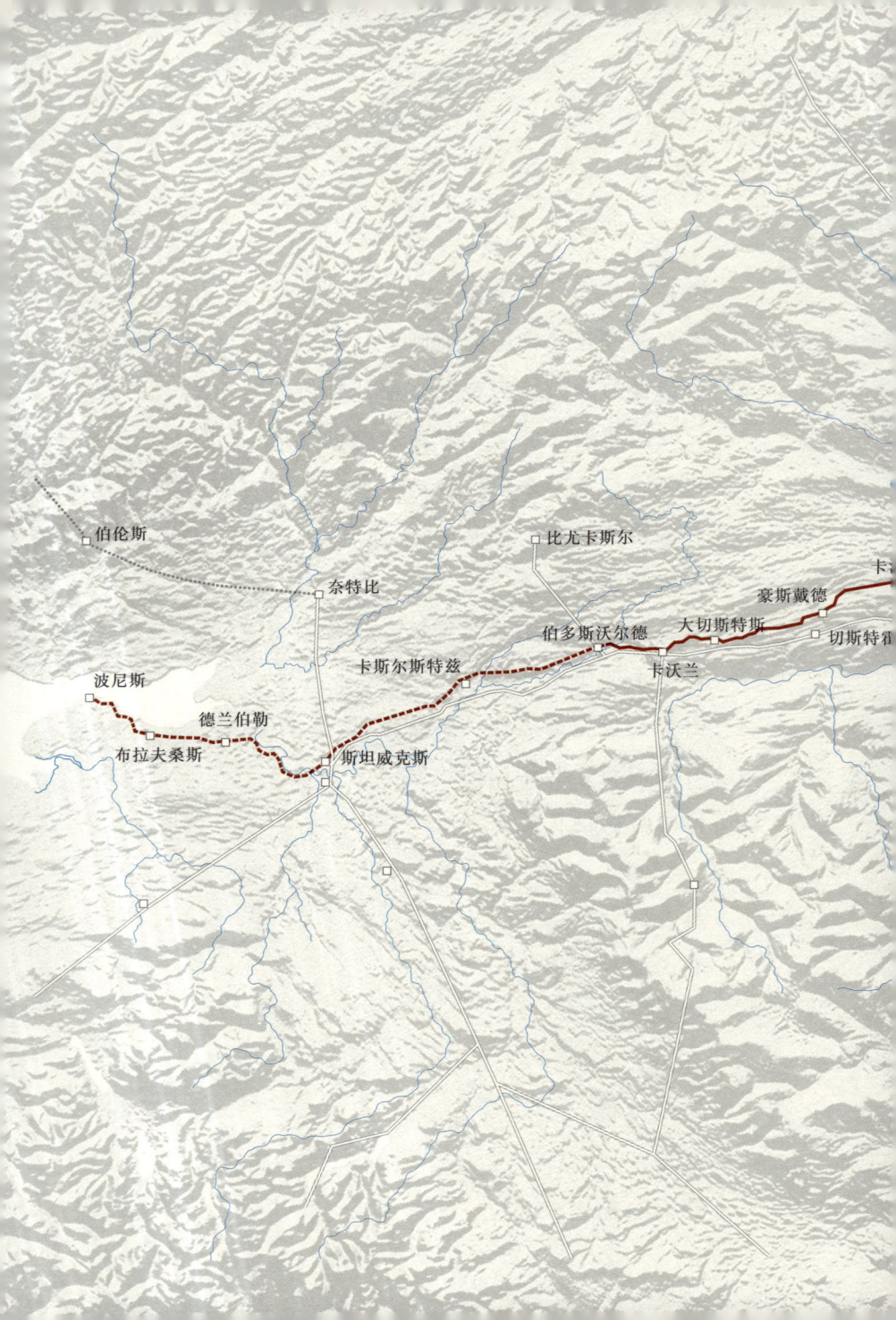

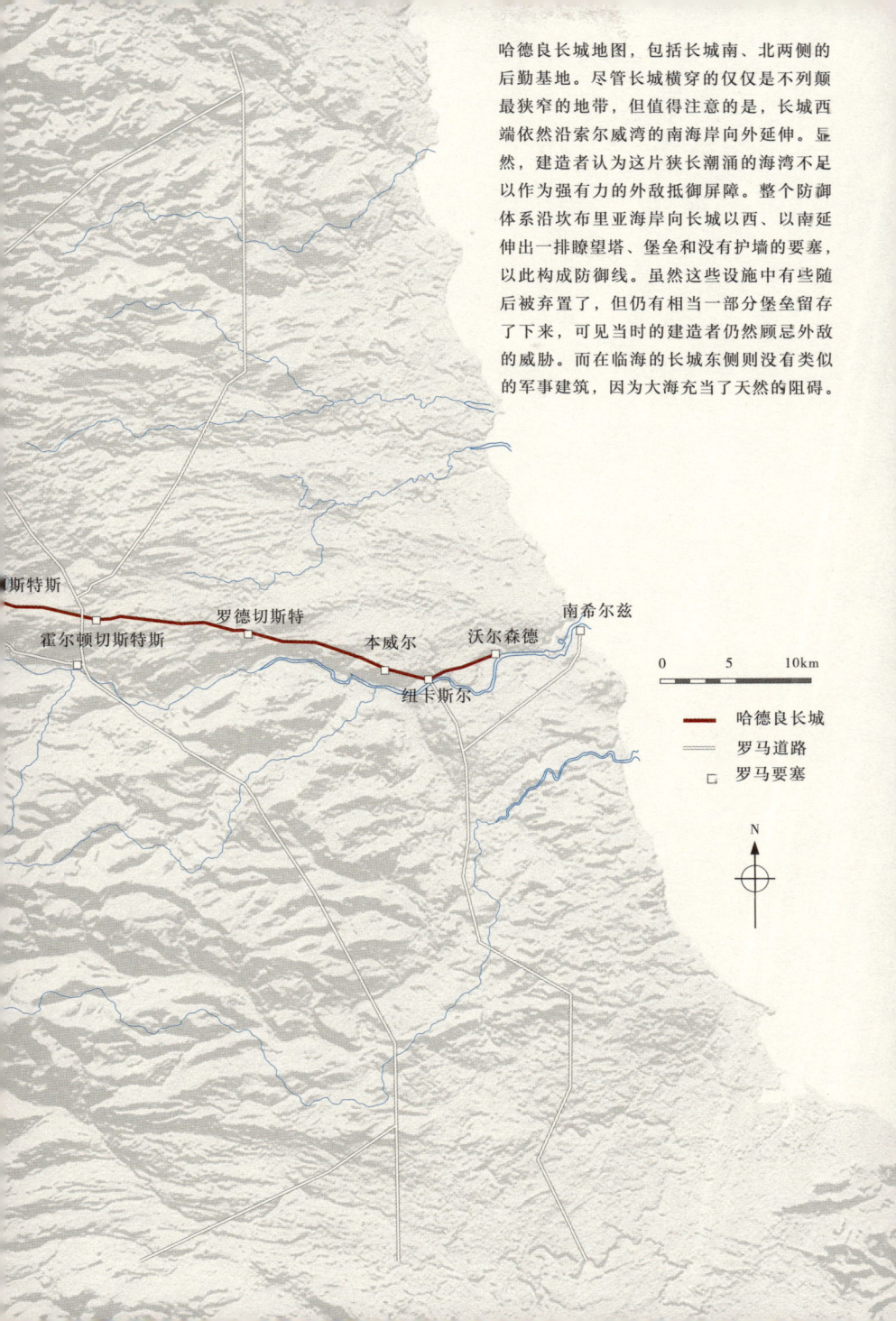

哈德良长城地图，包括长城南、北两侧的后勤基地。尽管长城横穿的仅仅是不列颠最狭窄的地带，但值得注意的是，长城西端依然沿索尔威湾的南海岸向外延伸。显然，建造者认为这片狭长潮涌的海湾不足以作为强有力的外敌抵御屏障。整个防御体系沿坎布里亚海岸向长城以西、以南延伸出一排瞭望塔、堡垒和没有护墙的要塞，以此构成防御线。虽然这些设施中有些随后被弃置了，但仍有相当一部分堡垒留存了下来，可见当时的建造者仍然顾忌外敌的威胁。而在临海的长城东侧则没有类似的军事建筑，因为大海充当了天然的阻碍。

******

序言

"就在你以为自己已经到了世界尽头的时候,遥望远空,一缕烟雾由东向西飘散于视野之外。你继而将视线投向下方,目之所及是住房与庙宇、商铺与戏院、兵营与粮仓,而在它们背后,永远在它们背后更远一点儿的地方,还匍匐着一条绵延起伏、若隐若现的塔楼轮廓线。那就是长城!"

"啊!"孩子们赞叹地深吸一口气。

"不必忍住你的惊叹。"帕尼修斯说,"随鹰旗征战一生的年迈士兵也常说,帝国之内再没有一处景致能比得上第一眼见到的长城!"[1]

我想,正是在父亲为我兄弟二人读这段睡前故事时,我第一次"目睹"了长城。近几年,吉卜林不算是非常热门的作家,不知道还有多少孩子听过或读过他的《普克山的帕克》(*Puck of Pook's Hill*),但我记得小时候很爱听这些英格兰历史故事,尤其喜欢第三十军团百夫长帕尼修斯讲述自己经历的前三章节的大部分内容。对我而言,罗马人总有一种莫名的吸引力,一部分原因可能是他们曾涉足我生活的土地,所以在一定程度上,他们显得更真实,好像也成了"我的"历史的一部分。

帕尼修斯是个讨人喜欢的英雄角色。他是一名罗马军官,就像19世纪末印度那些一流英国中尉一样,他的故事也充满了各种各样的冲突和战争,足以激发男孩们的想象力。现在重读他的故事,其实有些内容不太合理,比如几个世纪前的维京人戴着"有翼帽"现身,开始统治皮克特人,并带领后者逐座占领塔楼,试图拿下哈德良长城。然而,这是在吉卜林的故事中经常能见到的情节,你能感觉到他抓住了某个时代或地点的精髓,帕尼修斯的故事也是如此。哈德良长城其实没有故事中写的那么高,现在的长城附近也找不到罗马战场的踪影,事实上,就我们目前所知,到4世纪末,也就是这个故事发生的时候,长城各要塞附近的平民定居点数量大不如前,甚至可能已完全消失,大部分塔楼也被拆毁了。但即便如此,在吉卜林的笔下,那些从境内各地迁至罗马帝国北方边境的士兵和平民,还是构成了一幅喧嚣生动的生活图景。而这些画面,或许反映出关于长城的许多历史真相。

听过帕尼修斯的故事后,我在几年时间里阅读、了解了更多哈德良长城的事。很小的时候,我就读过快乐瓢虫童书系列的《恺撒大帝与不列颠尼亚》(*Julius Caesar and Roman Britain*)。那本书封面和封底的内页(封二、封三)上印着地图,那时我会把地图文字标识上的大写"H"划掉,把"Hadrian's Wall"(哈德良长城)改成"Adrian's Wall"(阿德里安长城),当时觉得还挺有意思。后来,我又读了更多相关的严肃学术作品。至于我第一次亲眼见到长城,还是在一次去苏格兰北部家庭度假游的归途中,我哄爸妈绕道回家,这才有机会参观长城。几十年过去了,我仍然在阅读,仍然在学习,也曾多次拜访哈德良长城的各处遗址,但透过帕尼修斯讲给孩子们的故事,我最初对长城的那一瞥,总是在脑海里浮现。在我们这些对古罗马和罗马军队感兴趣的人看

豪斯戴德要塞的鸟瞰照（面朝向西），可作为哈德良长城沿线基地的规模参考。

来，哈德良长城很特别，对更广泛的群体而言也是如此。

哈德良长城长达73英里（118千米），横跨不列颠北部，连接东、西海岸。尽管哈德良长城已是极其壮观，足以令人印象深刻，但与我们熟知的、中国那座复杂的防御工事万里长城相比，仍然相形见绌，在役时间也短于后者，"仅有"三个世纪。哈德良长城作为当时罗马帝国的边界线，盘踞在不列颠尼亚行省边缘，沿大河而建，横越高山沙漠，但也只是当时罗马帝国边境管控和防御体系的一小部分，统治广袤帝国的罗马皇帝们对它并不上心。

上面提到的这些都是真的，但哈德良长城仍然特别，因为它与罗马帝国其他边境线截然不同。没有哪处边防设施的规模如它这般宏伟，规划如它这般精细；也没有哪处景致如它这般在一方小小区域内，为考古学留下如此多的遗迹。从某种意义上来说，我们眼中的哈德良长城之于罗马世界的意义，一定比当时罗马人眼中的长城对他们的意义重要得多，就如同罗马帝国的另外两个小地方——更庸俗的庞贝古城和更精致的赫库兰尼姆古城一样。这两座城市的遗址都因天灾而得以留存，且因其完好程度而受到举世瞩目，也因此塑造了我们对古罗马城市生活和艺术的想象。失落的古代文明何其多，所以那些幸存至今的遗址于我们而言往往比于其当时的居住者而言重要得多。1987年，哈德良长城被联合国教科文组织列入《世界文化遗产名录》（2005年被合并入"罗马帝国边疆"世界文化遗产），足见其重要程度。尽管长城实体超过90%的部分如今都已不可见于地表，但它仍是罗马帝国留下的最宏大、最著名的遗址之一。

哈德良长城也是最受游客欢迎的景点之一，不断吸引着人们踏上"哈德良长城步道"，或是来看看要塞中出土的文物和城墙本身。虽然长城不如庞贝和赫库兰尼姆那样，有着丰富的细节和激动人心的故事，也没体现出罗马自身的鲜明历史及重要性，甚至没有剧院、竞技场、庙宇或沟渠之类在古帝国随处可见的壮观遗址，但每年仍有成千上万人前来参观。大部分游客都会参观长城的中段，因为那里城墙遗迹较多，蜿蜒穿越了崎岖陡峭的山脊和悬崖。长城其他部分的照片则鲜少为公众所见，所以人们得知原来长城绵延横穿起伏平缓的田野，直抵索尔威湾，甚至沿海湾还要向西延伸几英里，几乎触及海岸线时，往往都很惊讶。长城本身其实也是一个巨大防御体系中的一部分，这个体系包括分布于城墙南、北两侧的军事基地、城镇和道路，西部的坎布里亚海岸沿岸也修建了许多设施。在罗马人统治这片土地将近三百年的时间里，一代又一代的士兵与平民、外乡人与当地人沿着长城扎下了根，生活在长城上，以及为长城而建的广阔军事区内。

在大多数人看来，任何城墙的作用都显而易见，哈德良长城这般规模的城墙更是如此。城墙是一道屏障，将一边与另一边隔开，对许多人而言，修筑哈德良长城的意义就是"抵御苏格兰人"，或者对那些稍微懂点儿历史的人来说，是"抵御皮克特人"。哈德良长城可被视为罗马帝国的尽头，文明与野蛮以此为界——如今流行的帝国批判说，无疑会让许多人更同情那些所谓的野蛮人。

但考古学家知道真相并非如此,而且比这要复杂得多,可他们也不得不承认,关于哈德良长城的修筑目的以及它的运作方式,尚有许多未解之谜。古代世界文献中仅有一小部分流传至今,而其中提及哈德良长城的也只有寥寥几笔。目前仅存的与此有关的文献称,哈德良修建长城是为了"将野蛮人与罗马人分隔开",可这一简短的评论出自长城动工约二百年后的一位作家笔下,此人因其作品夸大其词、内容不实而声名狼藉,而我们竟会接纳此种说法,着实体现了研究资料的匮乏。直至近几年才终于有证据表明,这座长城可能确实是以下令建造它的皇帝名字命名,只不过并非我们惯称的"哈德良",而是他的姓氏"埃利乌斯"。不过,"埃利乌斯长城"（Vallum Aelium）这一叫法也仅流传于一代人之间,之后它就被简称为"长城"了。²

要了解哈德良长城,唯有从它的遗迹入手,检查实物、研究碑文,从周边遗址中获取发现,并与我们从其他渠道和遗址取得的有关罗马军队和罗马世界的信息比较。但问题是,没有任何一处罗马边界与哈德良长城相似,所以以将二者直接类比分析实际上困难重重,而对长城功能的辩论,则直击罗马帝国如何运作这一更大论题的核心。早期的报告往往记录不详,研究方法不成熟,结果也令人沮丧。不过,考古发掘仍为我们提供了不少信息。考古是一门昂贵的学科,近几年研究资金短缺,对哈德良长城的研究也没有得到应有的关注。幸而考古研究仍在继续,且不断带来惊喜，彻底改变了我们对长城的认知。

令人泄气的是，我们手头现有的证据仍不完备，而且还面临一个更大的问题：几乎所有证据都仅仅涉及罗马一方。我们对铁器时代住在哈德良长城以北的人们知之甚少。罗马人的资料透露了一些与其相关的部落名和地名，但我们永远无法确定那些名字是否反映了事实，毕竟一个民族的文化很容易被外邦人误解。我们现在发现的定居点远超之前已知的数量，说明至少如今苏格兰境内的某些地区在当时人口较为稠密；环境证据也表明，一些地区在罗马时代的某段时期被大面积耕种过。铁器时代的遗址很难被追溯至精确的年代，所以我们也难以将哈德良长城以北的定居点发展与罗马边疆城墙的建造目的和日常功能联系起来。

我们对那些部落的政治及军事情况的了解，也不足以确定他们对罗马人究竟造成了多大威胁——或者说罗马人对他们造成了多大威胁。在公元2、3、4世纪，罗马人与那些部落之间都发生过战争，但我们对其中战况所知不多。在铁器时代的欧洲，突袭常有发生（或者该说是普遍现象），所以我们期望能在不列颠北部发现一些小规模军事活动的痕迹，但我们又不能随意将北部居民纳入我们所知的"凯尔特"社会（这种说法在很大程度上本就源自非希腊-罗马人的观点）。语言学层面的联系，不一定代表两者有着共同的政治和军事文化，但归根结底，我们对此一无所知。所以，我们必须竭尽全力重构哈德良长城的故事，并且要认识到，即使在最好的情况下，我们也只能了解整个故事的只言片语。无论那里曾经存在，或者说罗马人曾经认为存在怎样的军事威胁，我们都只能通过观察他们的应对措施来推测。

关于哈德良长城的理论很多，疑问更多，可明确的答案却很少。本书不期望能对它们逐一进行详细的探讨，只想让读者了解学者如何试图理解哈德良长城，以及长城在不列颠尼亚更广泛历史背景下的地位。书中提及的论述并非都经过证明，在某些部分，我选取了个人认为最可能的解释，并在书后列出了文中引用的涉及不同主题的所有文献，以供有兴趣的读者进一步探索。

我写作此书的中心前提是，哈德良长城及其全部相关设施的修建，目的是协助罗马军队在不列颠北部完成任务。并非士兵服务于长城，而是长城服务于士兵。这似乎显而易见，但我们总有一种危险的倾向，会过分执着于物质遗迹，却忽视了人类，因为后者的活动和生命难以留下有形的痕迹。哈德良长城宏伟的规模和长久的寿命都清楚地表明，它发挥了实际作用，并且至少在大部分时间里都表现得很好，对这一点我们有信心断言。但若想弄明白它的作用究竟是什么，以及它如何随着时间的推移不断发展，我们就犹如在拼凑一幅没有样图的拼图，而且其中大部分图块还缺失了。

拉奇杯是出土的铜碗之一,可能是当时送给访哈德良长城的士兵或旅行者的纪念品。其顶部环刻着长城上几座要塞的名字,字母"BANNA"居于正中,这是伯多斯沃尔德在罗马时期的名字。

度量衡备注：

1罗马里＝1618码或0.92英里＝1.479千米*

1罗马尺＝11.64英寸＝29.6厘米

城墙里：20世纪，为方便识别哈德良长城各部分及其沿线设施，人们制定了一套学术规范。该规范将"里堡"编号，以0号沃尔森德为始，至80号索尔威湾畔的波尼斯为终。每两座里堡之间的距离为1个城墙里，第一个城墙里起始于沃尔森德，一路向西延伸。其他塔楼和里堡的编号均据此推出。

---

* 全书单位换算均为约数，为使行文简洁，不再一一注明。——编者注

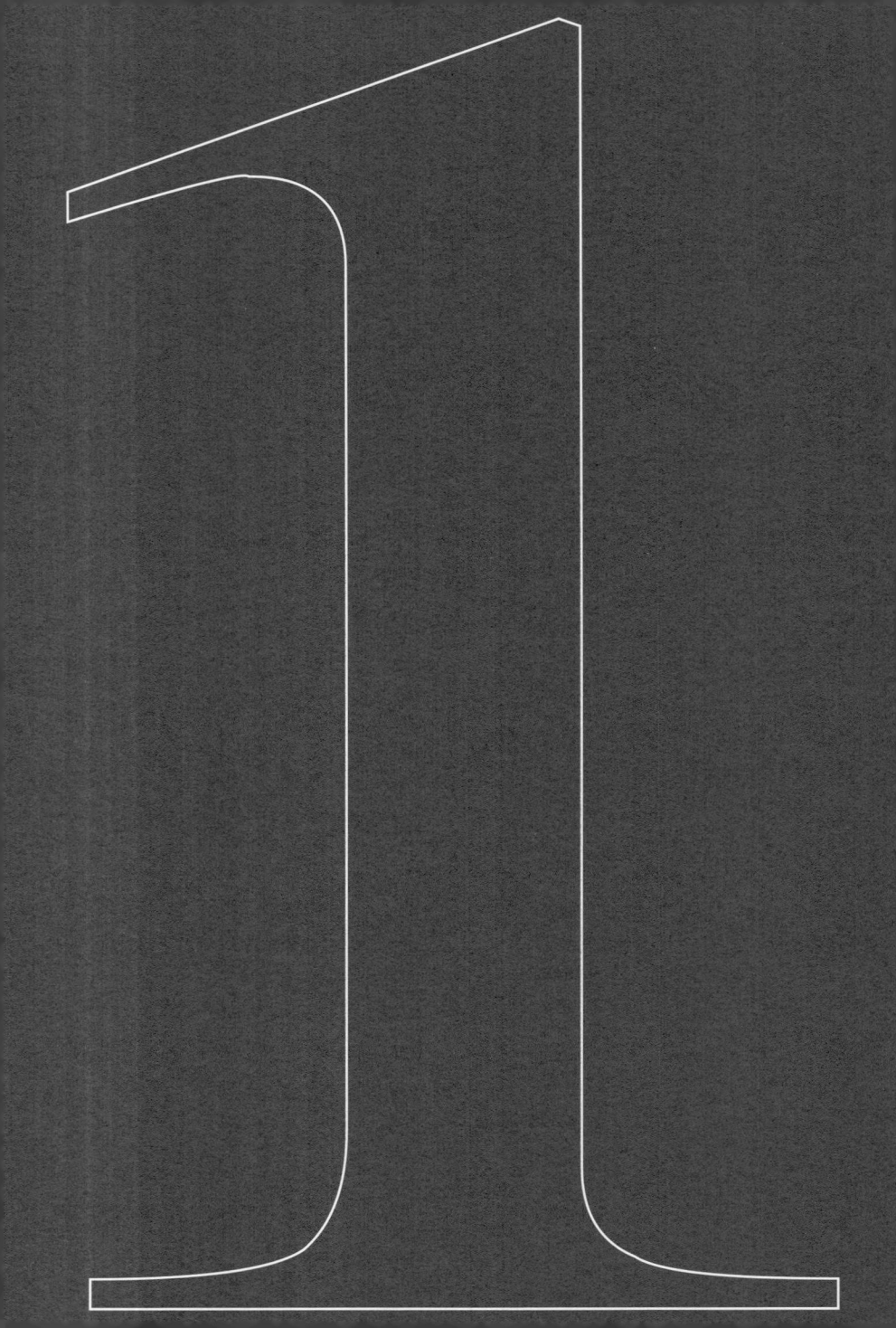

✶✶✶✶✶✶

不列颠尼亚：帝国的前哨

不列颠后来才被并入罗马帝国版图，那时的罗马已不再频繁扩张，但公元43年那场实际上的征服，也不是罗马与不列颠人之间的第一次军事交锋。大约一个世纪之前的公元前55年和前54年，时任高卢总督的恺撒大帝就两次从东南部登陆不列颠岛。当地部落进行了激烈抵抗，但最终还是败给了他。他接受了当地人的臣服，可没等到冬天结束就带兵返乡了，再也没回去。恺撒远征的这座岛屿神秘而近乎神话，位于被希腊人和罗马人所知的三块大陆环绕的海洋中。为迎接恺撒，罗马举国欢庆，热烈程度堪比1969年人类登月。元老院下令举行为期20天的感恩庆典，暂停一切公共事务。那是一场前所未有的盛大庆典，隆重程度远胜以往任何一场在重要战役中取得胜利之后的庆功狂欢。但冒险带来的实际成果和利益，其实远不如庆典那般令人印象深刻。演说家西塞罗曾提及，恺撒没有收获任何银器，也没有"任何战利品，除了奴隶，但其中想来也不会有抄写员或音乐家之类的人才"。[3]

恺撒是天赋异禀又野心勃勃的罗马统治者的代表，为罗马共和国征服了广袤的领土。创立于公元前8世纪的罗马，起初只是众多拉丁城邦中的一个小城。时光流逝，罗马逐渐发展起来，早早地显现出了它能够同化其他城邦的独特天赋。到公元前3世纪，罗马已经实际控制了几乎整个意大利半岛，数十万非拉丁裔（自然也不是"罗马人"）民众都成了罗马公民。曾经的敌人成了盟友，再经过一代人左右的时间，就成了同一国家的公民，共担国土扩张之责，也共享国土扩张之利。无论是和平时期还是战争年代，罗马共和国都依靠被推选出的行政官领导。他们来自最富有的公民群体，主要出身于一小部分贵族家庭。元老院中大部分成员都做过行政官。元老院由约600名年长的政治家组成，职责就是为掌有实权、能够批准法律通过的行政官和公民大会提供建议与指导。这一制度旨在防止任何个人或团体拥有永久性的至高权力，所以许多地方长官到达各自辖地后，都迫切想在被人替掉前，多给自己争点儿光。侵略与征服并非常态，但随着时间的推移，罗马共和国还是逐渐壮大起来。公元前2世纪，罗马共和国掌控了地中海地区，很快，罗马军团的铁蹄就向海岸更远处进发了。征战为少数贵族带来了巨大的财富和荣耀，使他们在同辈人中脱颖而出，却也给整个体制带来了沉重的压力。

恺撒这样的人物极大地加速了罗马征战的步伐，但也领导了一系列内战，从内部撕裂了罗马的共和国体制。这些人大部分都死得很惨，比如恺撒本人就在元老院的会议上遇刺身亡。自那之后不久，内战再度爆发，直至公元前30年才以马克·安东尼的自杀而告终，恺撒的继承人、他的甥外孙屋大维成了当时仅存的军阀。后来屋大维被尊称为恺撒·奥古斯都，成为罗马帝国的第一任皇帝，其权力根本上仰赖于对军队的控制。他自称"元首"（princeps），宣称自己是帝国的第一公民和第一公仆，后来的学者也据此将罗马帝国的政体称为元首制。军权是屋大维政权的支柱，他麾下的三十万大军忠诚且专业，其中罗马军团士兵与来自各行省及其他国家的辅助兵人数几乎持平。每个士兵都发誓效忠于元首,一切酬劳与晋升也全由皇帝做主。

奥古斯都为罗马及各行省带来了帝国内部的和平,面对外敌也屡战屡胜,就此洗净了他沾满鲜血的称帝之途。长达数十年的内战和屠杀之后,几乎没有人不渴求稳定与繁荣,所以大家情愿接受某个人的独裁,认为这是最好的选择。尽管重病缠身,奥古斯都还是比大多数同代人活得久,久到人们几乎都已忘记这位元首曾如何踏着尸体登上了权力的宝座,久到只看得见他缔造的和平,并尊称其为"国父"。面对外敌无往不利,罗马帝国安全、富足,足以令所有爱国的罗马人欢庆,奥古斯都令这样的成功变成了常态。到他离世时,罗马帝国的版图已成就大半:西临大西洋,东以莱茵河、多瑙河及幼发拉底河为界,南至撒哈拉沙漠,北抵英吉利海峡。公元14年,就快过77岁生日的奥古斯都去世。薨逝前,他建议继任者"将帝国守在现有的边界之内"。无论他是真的打算永久停止对外扩张,还是仅仅想给帝国一段休养生息的时间,之后的罗马帝国确实没怎么再征战。很少有皇帝愿意把指挥大权交给某位元老,因为元老要是借机赢得了荣誉和军心,只会为皇帝自己树立一个政敌,而耗费数年时间征服新领地这样的事,更没几个皇帝愿意做。[4]

尽管一些诗人曾表达对征服不列颠的热切渴望,如贺拉斯就曾写道,"若不列颠人……加入了我们的帝国,奥古斯都将被视为

哈德良长城修筑时期的一名罗马士兵。他身披著名的"环片甲"(lorica segmentata),图中铠甲根据首次出土于科布里奇的文物还原。

地上的神明",但这类希望最终都落空了。跨越英吉利海峡的贸易往来非常频繁,外交活动也有一些,流亡的不列颠王子曾逃到罗马帝国寻求庇护,但再无侵略战事发生。不列颠东南部的部落承认罗马至高无上的地位,愿意归顺帝国,尽管并未直接由罗马统治,但奥古斯都将它们视为同盟。对待东边伟大的帕提亚帝国,甚至是印度人,他也采取了同样的态度。后来,地理学家斯特拉博宣称不列颠不值得征服,因为它对帝国毫无威胁,而如果真的开拔大军征服岛屿,最终能从土著部落手中征得的税款,恐怕都不足以抵偿军资。[5]

但这些顾虑对皇帝克劳狄乌斯而言,显然都没有战功重要。公元41年,他的侄子、当时的皇帝卡利古拉遇刺,混乱中,禁卫军在皇宫的一张帝布后发现了躲藏的克劳狄乌斯。这些养尊处优的士兵从来都是皇帝的亲卫,收入颇丰,所以急需一个皇帝——随便谁来当都可以。于是,他们宣布克劳狄乌斯为继任者,因为当时他是奥古斯都家族仅存的成年男性,除此之外,没有任何理由表明克劳狄乌斯适合接任皇位。但元老院还是被迫接受了他,因为元老们也无法反抗禁卫军的武装力量。当时克劳狄乌斯已有51岁,口齿不清,走路一瘸一拐,还会流口水,在公共服务方面几乎没什么值得夸耀的成就,更别提建立战功了。

公元43年,克劳狄乌斯决定填补履历上的空白,从当时在役的28个军团中召集了4个,又增配辅助兵、水兵和其他兵种,准备征战不列颠。他们的第一个目标是岛屿东南部的大部落联盟。

克劳狄乌斯率兵亲征，尽管只在不列颠待了不到两周，但他亲眼见证了部落联盟位于卡姆罗多努（今科尔切斯特）都城的陷落。他的庆功典礼铺张奢侈，因为他终于完成了一项由伟大先祖恺撒大帝开启的事业。

这座被罗马人称为不列颠尼亚的岛屿上居住着许多独立的部落。不同部落之间冲突时有发生，内部权力争斗几乎同样频繁，根本不像同属一个国家。罗马人入侵时，许多部落首领选择与他们结盟，认为罗马人带来的威胁比邻居和旧敌造成的威胁小得多。公元60年，罗马人的盟友之一、爱西尼部落的女王布狄卡因不满罗马的暴行，愤而起义，扫荡了不列颠尼亚的三座城市——老牌殖民地卡姆罗多努、繁荣的商业城镇朗蒂尼亚姆（今伦敦），以及部落中心维鲁拉米亚姆（今圣奥尔本斯）——整个行省近乎被毁。在此过程中，一些部落加入了起义，还有些则仍忠于罗马。布狄卡最终在战斗中落败，起义也被罗马人以相当残暴的方式镇压下去。随后，罗马与各部落之间达成和解。令人惊讶的是，在此后长达三个半世纪的岁月中，不列颠低地上再也没有发生过反抗罗马统治的起义。

罗马人花了很长时间才彻底统治了如今的威尔士一带，该地区曾频繁爆发各种战事，直到公元1世纪70年代，罗马派强兵入驻后才逐渐平定。与此同时，罗马还拿下了英格兰北部，而卫戍军队驻扎之地，正是后来哈德良长城所在之处。在今英格兰的卡莱尔（罗马时期称Luguvallium，意为"卢古斯之地"）立有第一座罗马要塞，近来的树木年代学分析显示，建造要塞所用的木材被砍伐于公元72至73年。格涅乌斯·尤利乌斯·阿古利可拉在公元78至84年担任不列颠总督一职，曾带兵向北推进，深入苏格兰腹地，在格劳庇乌山（古罗马地名，具体地点不明）击溃了一支喀里多尼亚（今苏格兰地区）部落军队。他为帝国永久占领不列颠制订了计划，并建立了一个要塞网络，而其中最显眼的要属位于苏格兰佩思郡、可容纳一整个罗马军团的英赫图梯要塞。

日耳曼地区和多瑙河上发生的军事危机，将图密善皇帝的注意力从不列颠拉回了欧洲内陆。四个驻扎军团中的一个被调离了不列颠尼亚行省，可能还带走了许多辅助兵。军队人数的减少，促使罗马军队从福斯河口至克莱德河口以北（以及靠近如今爱丁堡和格拉斯哥所在地区）的所有基地撤出。从相关的钱币证据来看，此次撤离约发生于公元86至87年。在英赫图梯要塞，基地被撤空时，有些内部设施甚至尚未动工，防御工事被夷平，建筑物也被拆毁。卫戍部队对这些设施的弃用似乎是遵命行事，而并非遭到敌袭。整个撤离行动可能是在几年内按部就班分阶段完成的；加斯科山脉沿线的塔楼和哨站则被使用得稍久一些，之后才遭遇同样的退役命运。

关于不列颠在图拉真皇帝统治期间（公元98—117年）的情况，我们知之甚少。与哈德良长城密切相关的几处地点，如科布里奇（科里亚）、文德兰达、卡沃兰和卡莱尔，均有卫戍军队驻扎——文德兰达和卡莱尔出土的文字木牍，让人们得以一窥当时驻兵的生活情况，尤其是在文德兰达出土的那些。早在公元2世纪，在这片地区，尤其是在霍特惠斯尔河及斯罗普附近，就已建立了小型哨站和堡垒，可能还有一些用于瞭望和发送信号的塔楼。公元106年前后，苏格兰地区尚存的最北端的基地纽斯特德要塞（特里蒙蒂姆要塞）和其他哨站一样，最终被废弃。罗马人还曾精心规划、打造了一条铺着石板、排水通畅的大道——我们不知道罗马人在不列颠修建的任何一条道路的名字，但中世纪时人们称那条路为"斯塔内盖特"（意即"石路"）——这条大道至少连通了科布里奇和卡莱尔，途经要塞都位于南北主干道上。"石路"沿自然地势捷径，横穿泰恩河谷和伊登河谷，直抵后来建成的哈德良长城偏南一些的地区。后来，第九西班牙军团（Legio IX Hispana，在碑文上常常被写作古体"VIIII"）撤离，罗马驻不列颠士兵人数再度大幅减少，仅留第二奥古斯塔军团和第二十英勇凯旋军团驻防。

图拉真是最后几位伟大的征服者之一，在位期间将达基亚（今罗马尼亚）纳入了罗马帝国的版图，在生命的最后几年，还出兵攻打了帕提亚。不列颠似乎没有在他的优先事项清单上占据较高的位次，不列颠尼亚的总督们也只好面对军事资源被大幅削减的现实。那些年，罗马军队不断撤退，最后停留在泰恩－索尔威防线上，并集中地区卫戍部队力量，组成了一条粗糙的边境线，而最有可能的原因似乎只有"过分扩张"。随后的几年中，哨站数量的增加以及"石路"的完工，使边境防线得以加固。几乎没有证据表明罗马人曾在科布里奇以东活动,或是曾将"石路"延伸至此,军队似乎都以不列颠的中部和西部为活动重心,主要与诺万特人和塞尔戈瓦伊人打交道。

很难说不列颠北部在图拉真执政时期究竟有多和平,但沿斯塔内盖特建成的那些基地,说明这些地区存在或者说至少罗马人认为存在影响其统治的威胁。公元1世纪90年代的一份文德兰达驻军兵力报告显示,该单位有六名"伤员"(volnerati)不适合

这片出土于文德兰达的文字木牍记载了某人邀请卫戍将领之妻参加朋友生日宴的信息。这片木牍可能是不列颠,甚至是全欧洲范围内现存的最早的女性手书文物。

继续履行职责。这些人可能是由于事故受伤,但也可能暗示他们参与了战斗,且不论是一些小规模冲突还是一场大战役。另一片残缺的文字木牍上则记录了当地部落的战斗风格:"不列颠人不着铠甲,骑兵众多。骑兵并不用剑,那些小不列颠人也并不骑着马(还是立定?)*向我们投掷标枪。"人们还发现了一块用以纪念"阵亡于战争"(interfectus in bello)的百夫长提图斯·安尼乌斯的墓碑,后来这块碑在文德兰达一座公元3世纪建造的澡堂中被再

* 此处括号中内容表示对文献中缺失字词的推测。

次利用。这块墓碑的历史或许可追溯至图拉真执政时期，可能当时曾发生一场规模较大的冲突，不然碑文中不会使用"战争"一词。据公元4世纪的一份文献称，不列颠曾在哈德良即位之初发生动乱，更可能的是，在他即位几年前动乱就已爆发。总的来说，参考哈德良的举措以及后续历史发展，我们似乎可以合理地认为，边境地区对罗马帝国而言一直非常棘手，这从"小不列颠人"（Brittunculi）这样轻蔑的称谓中就可见一斑。[6]

在格劳庇乌山，喀里多尼亚人召集了一支军队，据罗马文献称，士兵人数超过三万。部落中的贵族会驾着灵活迅捷的双马战车前来作战。公元前55年，尤利乌斯·恺撒遭遇类似战车时就曾感到疑惑，因为这样的战车早在至少一个世纪前就已在欧洲大陆停止使用了。在小规模交战中，使用战车是一种时髦且让人印象深刻的作战方式。部落勇士驾着战车华丽登场，从车上一跃而下，徒步作战，最后再驾战车扬长而去。恺撒曾说，那些战车被骑兵团紧密簇拥着，不过骑兵在有关格劳庇乌山战役的唯一记录中未被提及。大部分喀里多尼亚士兵都是不着铠甲的步兵，挥舞着钝剑，全靠一面小小的盾牌自保。安东尼长城上的一座雕像刻画了罗马骑兵俯冲向三名敌兵的画面，那三名士兵手持小小的矩形盾牌和长剑，与记载中的喀里多尼亚步兵极其相似。然而值得注意的是，文德兰达出土的文字资料中明确表示，当地部落骑手并不佩剑。当然了，土著习俗可能因群体不同而存在相当大的差异，也可能随时间推移而发生变化。

不列颠北部的部落从未集结成一支可与罗马军队抗衡的专业常驻军队。他们几乎没有以战斗和训练为主要生活内容的全职军人，只有部落酋长和他的武装手下可称得上是全职战士。在铁器时代的高卢地区和其他我们所知的地区，某个首领的权力是通过家中的战士数量体现的。酋长及其驻家战士可能拥有最好的装备，而他们便是之前提到的驾驶战车、身佩良剑的人，可能还穿铠甲、戴头盔，并拥有接受备战训练的机会。在小规模突袭中，作战部队中的大部分士兵往往都是这样装备精良、积极奋进的战士，但在任何一支规模较大的军队中，这样的人始终只占一小部分，其他都是部落中的普通男性。普通民众装备较差，但很英勇，而且要是部落之间或内部暴力、偷窃事件频发的话，他们可能还熟悉武器的使用。然而，他们终究只是无纪律的民众，无法习惯严格服从首领的指挥。一般说来，部落军队规模越大，行动反而越松散，越难以灵活调动，反倒让罗马人在较大规模的战事中占了上风。[7]

突袭其他部落、抢掠牲口、俘虏敌人、搜刮彰显男性力量和英勇气概的战利品，都是古代世界最常见的军事活动，在不列颠北部发生的冲突也不例外。热衷于劫掠邻族并屡屡得手，或是公开俯首称臣以免遭受类似袭击，都在更广阔的范围内展示着部落首领或其人民的力量。恺撒曾提到，一些日耳曼部落会清理领地周围地区，留出一圈人烟稀少的土地，以向外族示警。无论是针对罗马人还是针对罗马的同盟，这样低级别的暴力行动都可能是罗马军队最常见的麻烦，而罗马帝国的回应，就是以其更强大的施暴能力击溃敌军，维护自己的统治地位。罗马人大吹大擂的和平盛世，建立在罗马军队的强悍和胜利之上，并非来自和平共处。这样的统治手段或许威慑力十足，却也使战争幸存者心存仇恨，为日后的冲突埋下了种子。

不列颠北部地图，显示了哈德良长城、安东尼长城及加斯科山脉沿线的塔楼和其他设施等边境部署。图上部落名称来源为希腊罗马文献，标注位置尽量接近真实情况。

N

喀里多尼亚部落

英赫图梯

阿多赫　　　卡帕尔

安东尼长城

达姆诺尼人　　沃塔迪尼人
　　　　　因弗雷斯克
　　　　　　　　纽斯特德
罗顿山

塞尔戈瓦伊人

哈德良长城
诺万特人　　　文德兰达　科布里奇
　　　　　　　　　　　　　　　　南希尔兹
　　　　　　卡莱尔　罗波卡雷斯人
　　　　　卡尔维蒂人　　特克斯托弗迪人
莫尔斯比　　布鲁厄姆
　　　　　　布里甘特人　皮尔斯布里奇
雷文格拉斯　　　　　加布兰托维塞人
　　　　　　　　　　　　帕里西人
　　　　　　　　奥尔德伯勒　约克
　　　　　　塞坦特人
　　　　　　　　亨伯河畔布拉夫

不列颠尼亚：帝国的前哨　　29

里程碑文库

本文库由未读与英国宙斯之首联手打造,邀请全球顶尖人文社科学者创作,撷取人类文明长河中的一项项不朽成就,深挖社会、人文、历史背景,串联起影响、造就其里程碑地位的人物与事件。作为读者,您可以将文库视为一盒被打乱的拼图。随着每一辑新书的推出,您将获得越来越多的拼图块,并根据自身的兴趣,拼合出一幅属于您的独特知识版图。

第二辑

贝多芬与《英雄交响曲》:浪漫主义交响乐的开端

回顾天才音乐家的坎坷人生,奏响英雄主义与人类手足之情的赞歌

奥林匹亚:古代奥运会与体育精神的起源

再现古代奥运会的真实场景,重温世界级体育盛会的千年沧桑

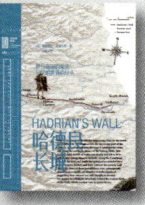

哈德良长城:罗马帝国的荣光与文明世界的尽头

走近罗马帝国规模最大的建筑遗址,还原"文明与野蛮"的残酷真相

玄奘与丝绸之路:东西文化交流的传奇之旅

重走丝绸之路,在全球皆通途的时代,再次用脚步丈量玄奘的伟大

巨石阵:神秘的史前遗迹与考古迷思

拨开历史与传说的迷雾,深度挖掘史前人类的建筑奇迹

第一辑

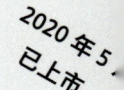
2020 年 5
已上市

大英博物馆:第一座公众博物馆的诞生

读懂大英博物馆的"前世今生",反思人类文明成果的"正确"收藏方式

光之城:巴黎重建与现代大都会的诞生

看百年前的巴黎,如何从污水横流、疾病丛生之地一跃成为梦幻之都

英国皇家学会:现代科学的起点

加入世界上最负盛名的科学学会,与牛顿、达尔文、霍金一起为真理而奋斗

摩天大楼:始于芝加哥的摩登时代

重返 19 世纪的芝加哥,见证摩天大楼怎样改变现代城市

格尔尼卡:毕加索的愤怒与人类战争反思

深度解析毕加索旷世名作的来龙去脉,用艺术对抗人类的悲剧

陶瓷:粘连文明的泥土

遍寻三千年陶瓷演变历史,领悟东西文明的碰撞如何改变历史进程

里程碑文库
THE LANDMARK LIBRARY

人类文明的高光时刻
跨越时空的探索之旅

******
哈德良的为人、为帝和宏伟计划

公元117年8月,图拉真在奇里乞亚因病去世。彼时,他正在回罗马的路上,伴随他伟大东征之行而来的是新行省的一场又一场叛乱,而在埃及、塞浦路斯和昔兰尼加,犹太人也纷纷起义。哈德良是图拉真的表侄,和他一样来自西班牙的意大利卡。虽然哈德良的拉丁语带着地方口音,但他自小就崇拜和希腊有关的一切,甚至因此得了个戏称——"小希腊儿"(Graeculus)。成年后的哈德良蓄了一脸哲学家风格的胡子。无子嗣的图拉真去世时,哈德良41岁,虽然在炫耀自己的才智这方面有些热切,但他确实是个聪明人,还是与皇帝关系最近的男性亲属。谣传哈德良勾引了元老们的妻子,从而知晓了他们的计划,以此在皇室中博取青睐,但其实,哈德良把一生中最大的热情都倾注在了十几岁的男孩身上。

图拉真对哈德良颇有好感,但并未将其指定为自己的继承人。他的遗孀声称先夫在弥留之际终于将哈德良收为养子,并选定他为继任者。但不是所有人都相信这种说法,四位杰出的元老在罗马被迅速处决,更引起了人们的怀疑。自那之后,哈德良一直未被元老院真心接受,虽然他远非一个暴君。处事圆滑并非他的强项,而且他也不擅长赢得贵族阶层的爱戴。哈德良曾常年带着自己的情人招摇过市,那是一名来自比提尼亚的年轻人,名叫安提诺斯,后来在尼罗河神秘溺死,哈德良还封他为神。这般恋情本

一尊大于真人尺寸的哈德良皇帝青铜头像,于泰晤士河中被发现。哈德良于公元122年踏足不列颠,是第二位以皇帝身份到此的罗马领导者。

该隐秘行事,而不是昭告天下,哈德良此举只会让大部分贵族暗地里对他更添厌恶。但哈德良本人似乎并不在意他人的感受。他斥巨资大规模改造雅典城,且为了表扬自己的成就,在一座拱门上雕刻了如下铭文:"此乃哈德良之城,非忒修斯(神话中雅典的奠基人)之城。"

  由于统治权遭到诸多质疑,且他本人也不受欢迎,所以哈德良大权不稳,无意耗费数年时间重新收复并保卫东部失地,图拉真死前征得的大部分地区也都被放弃了。哈德良在位期间,罗马帝国再无扩张战事,但保持军队忠诚、彰显罗马长久以来的军事统治地位仍然至关重要,所以他时常巡行各行省、访问军团、旁观士兵演习、称赞与嘉奖他们。哈德良是继奥古斯都之后第一个到访如此多地区的皇帝,足迹几乎遍及整个帝国。巡行本就不易,哈德良还亲自率领士兵行进,和他们吃同样的军粮,所以备受赞誉,人们对他的坚毅精神以及以身作则的品德赞不绝口。哈德良注重细节,即使不准备御驾亲征,也会表现出关切士兵生活的态度,而且他严明纪律、奖罚分明,会慷慨赏赐才能出众的军官和士兵。[8]

  不列颠爆发战事,可能是哈德良的前任种下的因。他派遣驻守多瑙河边境的一位经验丰富的总督前去主持大局,没几年就取得了胜利。公元122年,另一位经验丰富的指挥官奥卢斯·普拉托里乌斯·奈波斯接管了不列颠,抵达日期则少有的精确——7月17日(源自一份下发给退役士兵的文件)。同年,哈德良本人也抵达不列颠，并逗留了数月。几乎在同一时间，第六胜利军团（VI Victrix）作为第三个军团，增补了不列颠尼亚的卫戍部队。显然，哈德良决定建造长城，并亲自参与了设计过程。通常认为，他是在巡视不列颠之后下达了这个命令，所以勘测和动工的时间应该不会早于公元122年。不过，我们对罗马的规划方式和皇帝的决策制定都知之甚少，所以不能确定长城项目的设计——甚至是项目的启动——是否早于我们所知的时间点，皇帝也有可能只是来视察项目进程。公元121年，哈德良抵达日耳曼地区视察，而在此两年前，那里的部分木质边境城墙就已被下令拆毁，所以不列颠也可能提前收到了类似的指令。

哈德良长城的原始设计已十分宏伟，最后建成的实物则更加壮观，表明皇帝本人参与了设计。哈德良痴迷于建筑，尤其热衷于设计雄伟的建筑物，这种热情从他重建的罗马万神殿便可看出——神殿壮观的穹顶令人惊叹——从他本人位于蒂沃利的庞大别墅庄园也可见一斑。哈德良长城虽然更偏重实用性，但毕竟规模大，所以他才会亲自参与。

长城西段长31罗马里（46千米），起始于索尔威湾畔的波尼斯，以草皮、木材和泥土建成，城墙底部宽20英尺（6米）。接续向东的城墙以石块筑成，长49罗马里（73千米），直抵泰恩河畔的沃尔森德。石墙段设计宽度为10英尺（3米），和要塞及堡垒中常见的石墙不同，未以土堤加固。每隔1罗马里设有一座里堡。这是一种小型堡垒，其北墙为长城的一部分，南、北墙上各设有一个出入口。长城之上,每一对里堡之间都立有两座塔楼,以石块建成,即使在草泥墙段也不例外。整座长城前侧都挖有一道宽而深的壕沟——除非前方是悬崖峭壁,能提供更令人畏惧的天然防护。在索尔威湾畔的波尼斯之外,石塔与用草泥和木材筑成的小型堡垒间隔而立,沿坎布里亚海岸线绵延排布约20英里(32千米),但这一地区并未修筑接续的城墙或壕沟。

勘测员应该是从接近海岸线处开始工作,逐步靠近内陆,标记出长城的规划线。实际建造工作由三个驻地军团完成,虽然我们无法定位具体分工,但通过观测遗迹,还是能够发现每个军团的建造样式之间有些细微的差异。长城并非分段建造完成,也不是将某一段完全建成后再向下一段推进,而是由各单位施工者在规划线上同时作业,有些地方可能刚开始打地基,才叠了几块石头而已,其他地方却已经完工了,尤其是塔楼和里堡的建设,进度差别很大。

草泥墙可能是最先完成的部分,毕竟建造方法最省事,也更为士兵们所熟悉,大部分军队基地都是用这种方法建起来的。东部地区较为平缓,所以那里的护墙似乎优先建成,尤其是7至22城墙里那段。而对于崎岖的中部地段,塔楼的修筑花费了人们更多心思,也许里堡的北墙也是如此,因为里堡北墙入口的上方也极有可能都修筑了塔楼。如此一来,一排哨站耸立起来,每座哨

在文德兰达展出的草泥墙段里堡的部分复原构造。
在原始设计中,哈德良长城的西段由草泥和木材建成。

站都可以向南侧"石路"斯塔内盖特上的要塞发出信号。有些河谷沿岸的道路恰好横穿长城规划线,这些地区的里堡也是优先建造的,守卫着最容易被入侵者渗透的地方。许多塔楼和里堡都与小段护墙相接,方便它们最终与主城墙接合。

后来,长城的设计方案出现了重大修改——可能是哈德良在视察某个在建工程时亲自做出的决定,但若长城是在122年之后才开修,那就是与他商议之后才做出改动。在原始设计中,长城上的卫戍部队只有驻扎于里堡和塔楼里的小分队,余下大部队都在后方斯塔内盖特上的要塞里,离长城一两英里远。正如我们所见,尽管到目前为止没有充分证据表明长城东段的背后有卫戍部队驻扎,但人们通常认为东段也配置着和中、西段斯塔内盖特上的基

地里规模相近的部队。无论这种推测正确与否，之后皇帝又做了新决定，直接在护墙上增设要塞，且每座都足以容纳一整支辅助部队。如此一来，长城附近驻军人数激增。

作为整个项目的一部分，新增设的要塞也并非同时建造，而且作为更宏大项目的一部分，其具体设计也随着建造过程的推进有所调整。起初，新要塞被安排在长城以北，要塞的四个主要出入口中有三个在长城之外，北行的通道由此增多。但这样的设计大概被认为有些过头，因此后续建造的要塞都列于长城以南，北侧以城墙封口，仅留一扇巨大的双开城门，由此通往北方。最终，哈德良长城上共设有15座要塞，每两座之间相距7~7.5英里（11~12千米）。在长城处于使用状态中的大部分时间里，斯塔内盖特防线上至少还有三座要塞被充分利用。

有迹象表明，长城的建造进程几度中断，可能是由于建造顺序优先级的变更。有些部分的地基和矮墙似乎在风吹日晒中被晾了好几个季度才继续作业。在当时，如果不使用脚手架，人们很难造出高于5英尺（1.5米）的独立墙体，而且要完成长城这般宏大的建筑项目，对木材的大量需求很可能成了作业的最大阻碍。在罗马人到来前的铁器时代，这片区域的大部分树林就已被当地农民砍伐干净，尤其是沿海平原一带，所以并没有多少可用于建造的木材。哈德良长城横越广袤的耕地，在罗马人早先占领的土地之下，那些耕种痕迹仍然存在。

在豪斯戴德和切斯特斯，建造新的要塞前需要先拆毁以前建成、且有迹象表明已经投入使用的塔楼。而在其他一些地方，新要塞坐落于规划中甚至是已完工的里堡用地。伯多斯沃尔德的发掘工作表明，当地草泥墙长城的护墙曾被用于填补壕沟，以便在其上建造新要塞。要塞大多建造在清理过的空旷农田上，而这里却有所不同，它所处的地区树木繁茂，为清空建造用地而遭砍伐的树木被即刻用于建造工程。和里堡一样，要塞的取材与其所处长城段一致，所以西部要塞以草泥和木材为料，而东部的则以石块建造。唯一的例外就只有早期石筑要塞里的一些内部设施采用了木材。

决定增加要塞数量后不久，长城的设计被再度修改，城墙宽度被削减至约7英尺6英寸（2.3米）。学术上称这些长城段为"窄墙"，与"宽墙"相对。我们尚不清楚有多少宽墙完成了全高的建造，但墙宽的缩减大大减少了工程所需的时间和材料。一些里堡完全或部分按照宽墙的宽度修建，另一些则完全以窄墙的宽度修建，据此，我们可以推测出它们的建造顺序。

决定增设要塞后，在整体工程进行规划和竣工前，几乎整座长城都在背后增加了另一个特征，即"壁垒"（Vallum）。这一称呼源于8世纪，比德将其误认为一面早期的土墙。其主体实质是沟渠，所以更准确的名字应该是"壕沟"（Fossa），但"壁垒"之名早已被冠上，也就被学术界沿用至今。这道壕沟宽约20英尺（6米），底部平坦，两壁向内倾斜，所以沟底比开口略窄些。挖沟时掘出的土被堆在壕沟两侧，形成两道20英尺宽的土丘，距离沟边各约30英尺（9米）。整个工事的总宽度似乎与罗马当时一种计量单位相符——"阿克图斯"（actus），1阿克图斯等于120罗马尺（约35.5米）。整条壁垒都尽可能紧贴长城而建，部分段落建得稍远一些，也是为了给里堡和要塞腾出空间，但中部段落选择依低地而建，避开了悬崖，所以这段长城与壁垒相距较远。从壁垒到每座要塞间都修有堤道，从北侧土丘加修的少数堤道可直达某些里堡。罗马人修建了一条南北向的道路，如今随盎格鲁－撒克逊语被译作德雷街（A68公路就修建于其上），这条古道与壁垒相交，横穿长城，向西直达22号里堡，并独占长城上的一个出入口。据此推测，另一条经过卡莱尔的南北走向主干道也有类似设计。

一如既往，对于长城建造过程中的决策和作业的先后顺序，我们只能猜测。哈德良统治后期，草泥墙向西延长至伯多斯沃尔德附近的艾欣河，延长段均以石料代替草泥，要塞本身也以石块建造。或许施工曾停止了一段时间，类似的中断也曾发生在长城其他部分，但不一定同时发生。有证据显示，哈德良在位期间，除统治初期发生的战争外，还有过多次激烈战事，尤其在公元123至124年，或是在之后的10年间。哈德良很可能需要调拨军队应对战斗，这对建造工程的中断是个很合理的解释，而且罗马新修建的防御设施和驻兵人数的增加，也很可能激起了当地其他部落的敌意。但工程中断也可能是出于别的原因，毕竟军队的任务很多，人力又有限。延伸至坎布里亚海岸的监测系统表明，罗马确

哈德良长城的许多段沿陡坡而建，尤其在其中部，图为陡坡段之一。

实面临着军事威胁,突袭者有可能驾船而来。

我们应更仔细地检查长城的每一处细节,但值得注意的是,无论是在原始设计还是在修改后的设计中,哈德良长城始终都是无权通行者的庞大阻碍。它并非为阻碍罗马军队而建,因为罗马军队掌控着它的众多出入口。长城的规模远比罗马帝国的其他边防系统庞大得多。哈德良下令在日耳曼地区修筑的仅仅是简单的木制护栏,虽然其后挖有壕沟,意在阻止越境者,但再无其他设施。

******

长城的建造与驻守：军团和辅助部队

古罗马军队以军团为单位，士兵从罗马公民中招募。建造哈德良长城时，罗马帝国有30个军团，按比例计算，戍卫不列颠边境的兵力达到了整个帝国兵力的1/10。理论上，每个军团约由5000人组成，几乎都是武装齐全的步兵。这些士兵被分为10个大队，每个大队由6支百人队组成，每支百人队有80名士兵，由百夫长领导（第一大队与其他大队不同，拥有5支人数翻倍的百人队，负责守护军团珍贵的鹰旗）。

"辅助部队"（auxilia）为军团提供支持，这些部队从各行省招募士兵，士兵服役结束后方可获得公民身份。辅助部队包括步兵、骑兵以及弓箭手之类的特殊兵种。他们不以军团划分，而是作为独立部队，每支的规模近似军团中的一个大队。一支步兵队有480人或800人；一支"混合步骑兵队"（cohortes equitatae）有480名步兵和120名骑兵，或800名步兵和240名骑兵；一支"骑兵队"（alae）有512人或768人。公元2世纪和3世纪初，罗马各部队单位的理论构成如下表所示：

单位类型	步兵	百人队	骑兵	骑兵分队（turmae）
五百步兵队（Cohors quingenaria）	480	6支，每支80人，由一名百夫长带领		
五百混合步骑兵队（Cohors quingenaria equitata）	480	6支，每支80人，由一名百夫长带领	120	4支，每支30人，由一名什长带领

续表

单位类型	步兵	百人队	骑兵	骑兵分队
千人步兵队（Cohors milliaria）	800	10支，每支80人，由一名百夫长带领		
千人混合步骑兵队（Cohors milliaria equitata）	800	10支，每支80人，由一名百夫长带领	240	8支，每支30人，由一名什长带领
五百骑兵队（Ala quingenaria）			512	16支，每支32人，由一名什长带领
千人骑兵队（Ala milliaria）			768	24支，每支32人，由一名什长带领
军团第二至第十大队			480	6支，每支80人，由一名百夫长带领
军团第一大队			800	5支，每支160人，由一名百夫长带领

自奥古斯都时代起，罗马的辅助部队数量便至少和军团数量持平，但到公元2世纪，辅助部队的数量大大超过了军团数量。总体估计，罗马驻守不列颠的兵力理论上超过35000人，可谓罗马各行省之最。这些卫戍部队由"行省总督"（legatus augusti）统领，总督由元老担任，年龄通常不低于40岁，且要在军事战略地位较低的行省领兵。

尽管士兵都是罗马公民，但其中只有极少数来自意大利，大多数则来自高卢、西班牙、北非和其他行省的公民社区。辅助部队的各单位以民族命名，如西班牙人、高卢人、达基亚人、色雷斯人、来自叙利亚的哈米亚人以及莱茵兰的巴塔威人和通古伦人。这些辅助兵单位最初就是从这些民族中招募成立的。随着时间的推移，尤其当部队接受派遣、远离家乡，自然也逐渐吸收了其他民族的战士入伍，共同服役。虽然哈德良鼓励兵团各单位保留具有民族特色的战斗口号，但所有单位的指挥和行政用语均为拉丁语。不列颠人加入了军团中各个不同的单位，但他们之中也有不少人在驻守哈德良长城的步兵队和骑兵队中服役。

一些单位的名称简洁明了，比如"第二达尔马提亚混合步兵队"（cohors II Delmatarum eq.），士兵来自今克罗地亚地区，并于公元3世纪在卡沃兰服役，或是"第一哈米亚弓箭队"（cohors I Hamiorum sagittariourum），这支部队在哈德良执政期间和前者驻扎在同一座要塞，后转至安东尼长城，又于马可·奥勒留执政期间回到卡沃兰。少数单位则因其英勇或忠诚获得了额外的头衔，因此才有了"奥古斯塔英勇骑兵队"（ala Augusta ob virtutem appellata），甚至还有更花哨的，如"御用双倍军高卢罗马公民骑兵队，曾由佩特里亚努斯统领"（ala Augusta Gallorum Petriana Milliaria civium Romanorum）。为表彰突出功绩而授予整支队伍罗马公民身份是十分罕见的嘉奖。身份授予仅针对在役士兵，可一旦授予便终身有效，也就是说，即使所有获得公民身份的士兵都已退役，他们的公民身份仍不会被撤销。

公元2世纪，罗马军队多为募兵制，只在特殊时期才征兵，且往往是在大战之后，将新成立的辅助部队作为与其他部落谈判的条件。招募的士兵必须是自由民，因为军队不该是逃亡奴隶的避难所。士兵的军饷与农工的收入相差不大，但会按时发放。部队为士兵提供衣食，以及相较于贫穷平民而言更好的医疗保障。有文化的新兵晋升机会更大，工资和待遇也会随之提高。但这一切都建立在严苛的军队纪律和至少25年的服役期之上，甚至就连发放给士兵的食物和衣服也会折算成钱，从军饷中扣除。

军官通常从高于平民士兵的社会阶层中选拔，最高级的军官总是拥有相当社会地位的罗马公民。每个军团由一名"军团指挥官"（legatus legionis）负责，通常由30岁出头的元老担任，另有一名不满20岁的高级保民官辅助其工作，这也是后者元老院生涯的起点。骑兵或"骑士"（equites）是仅次于元老的社会阶层，军队的大部分高级军官都出身于此。典型的情况是，某人首先领导一支辅助步兵队，继而晋升为军团五位初级保民官之一，之后接管一支骑兵队。领导步兵队或骑兵队的军官被称作"指挥官"（praefectus），但在另一些更有声望的单位中，他的军衔是保民官。

虽然元老院的许多成员出身于各行省，比如哈德良本人，但他们必须在意大利拥有自己的土地。骑士来自帝国各地，都有相当的资产和教育背景。少数骑士选择在军团中担任百夫长，但军团和辅助部队中的绝大多数百夫长没有骑士身份。尽管如此，百夫长一职仍要求士兵具备较高的文化水平，他们中的许多人可能

来自意大利和其他行省的小贵族家庭,在军团中的全部或大部分时间都担任着百夫长的职务。不过,百夫长并非特定军衔,而是军职,任意两名百夫长的职责、报酬和地位都可能大不相同。相较于军团百夫长,辅助部队百夫长的身份背景和职务信息我们所知甚少。

罗马军队确实可谓帝国之军,人员自各行省招募而来,并由帝国精英领导。士兵通常会在同一部队内服完25年的兵役,一个部队也往往会在同一行省代代驻扎。与之形成对比的是元老和骑士军官,他们往往会在帝国境内轮岗,许多军团百夫长也会在不同行省的不同部队辗转服役。这意味着不列颠北部和罗马帝国其他边境地区一样,有许多远离家乡的士兵长期驻扎,而更高级的军官只会短暂停留。公元2世纪,元老院的600名成员中有极小部分到访不列颠,其中许多到过北部地区。尽管不列颠是罗马帝国的边境之地,但其庞大的卫戍部队规模表明它一直占据重要地位。不列颠总督之位更是珍贵的荣誉,只有出类拔萃的忠诚元老才有机会出任。

* * *

哈德良长城由军团士兵建造,整个工程被分配至各个小单位,他们各自用简单的题词纪念自己的功绩,比如"由百夫长凯奇利乌斯·普罗库鲁斯领导的第五大队建造"[coh(ortis) V c(enturia)

公元2世纪和3世纪初,守卫哈德良长城的罗马辅助步兵的典型形象。

Caecili Procul(i)]，或是"第六军团建造"[leg(io) VI V(ictrix)]。每个军团都配备大量专家和工匠，其他士兵多少也是熟练工。一篇记录辅助部队承担长城建造工作的铭文提到，有些单位专家人数较少，所以他们承担了那些庞杂但较为简单的工作。之后的几年里，辅助部队承担了更多、更复杂的建筑工程，尤其是建造要塞。[9]

长城的城墙建筑本身并不复杂，这项工程依赖军团而非辅助部队，是因为军团人数众多，比起人数只有其十分之一的辅助部队，更易组织大规模的建造。石块从最近的源头开采而来，通常距离建造地不会超过2英里（3千米）。方毛石——石匠用语，指那些被粗粗磨方、未经精细打磨的石头——用来筑造城墙的两面外墙，中间则以泥土黏合的小石块填充。完成的墙体以罗马标准而言不算优质，但尽快完成这座巨墙才是第一要务，因此在建造过程中使用的一些石块质量十分差，有些甚至没被打磨成方形。

塔楼和建筑物等重要的功能性设施则建造得用心些，特别是要塞和里堡的大门。建造这些设施对技术的要求高于城墙本身，所以最好的工匠和团队可能都被分配到这些任务中了，而大量剩余工作就交给了技术水平较低的军团士兵和监管工程师。工程的数次中断很可能意味着这样的情况：一个团队先打地基，另一个团队（甚至是另外几个团队依次）完成后续作业。有明确证据表明，整个工程的收尾阶段完成得很仓促，作业标准也在赶工中降低了。比如豪斯戴德和切斯特斯的城墙门，以及伯多斯沃尔德那

上页图
37号里堡的北门，可见公元3世纪哈德良长城在设计上的变更:仅留一扇窄门。

座曾以木材建造、后经重建的石要塞，在较高位置上都采用了打磨粗糙、完成度较低的石块。37号里堡的沉降导致其北门一侧出现了裂缝，虽然经过了修复，但20世纪考古学家临时清理后代遗留的石制品时，发现这条裂缝仍然可见。帝国项目设计中的宏伟与壮观，以及让概念变为现实的实际建造者的匆忙与投机取巧，这两者奇怪地结合在一起，呈现于哈德良长城的早期建造中。但无论是在长城的设计还是在建造过程中，一次次的调整都体现了建造者想让整个防御系统发挥作用的愿望。

归根结底，哈德良长城能否发挥作用取决于驻扎其上和周边的军队。据我们所知，长城上的每座要塞都可以容纳一整支辅助步兵大队或骑兵队，而不仅仅是从几个单位中抽调出来的混合兵力。当然，实际情况可能更复杂些，卫戍部队中可能会有部分人被调离，其他一些路过的军队也会入驻要塞，或长或短待上一段时间，但要塞的设计确实说明，正常情况下，长城上的每个区域会由不同的辅助兵单位管控。所以尽管建造长城的是军团，但最终驻守于此的主要还是辅助部队。

哈德良在位期间，长城的修筑工程一直在进行，直到他在公元138年去世时（据说他本人精通占星术，准确地预言了自己的死期），情况才发生改变。他的继任者、养子安东尼·庇护坚持要求元老院将他的"父亲"宣为神祇，但元老院并不愿意这么做。以

下页图
48号里堡（波尔特罗斯河里堡）的石台阶是整座哈德良长城上仅存的台阶。

"封神"致敬去世的帝王,这在当时很常见,但元老院的大多数成员更乐于展现自己对哈德良的厌恶,更何况旧帝已死,也奈何不得他们。不过,他们认识到这位继任者一定要将此等荣誉授予哈德良后,便说服自己讨好新帝了。安东尼·庇护与哈德良不同,他知道自己的继位无可指摘,因而很享受这种心安理得;他的性格也与哈德良不同,缺乏活力与激情,更温和一些。在位期间,安东尼·庇护不曾处决一位元老,也一直深受民众爱戴。此外,与哈德良不同的是,他在整个统治期间一直待在意大利。虽然从未踏足不列颠或帝国北境,但他对那里的军队做出了自己的安排。

******

新部署：
从安东尼·庇护到塞普蒂米乌斯·塞维鲁

安东尼刚即位时，不列颠似乎爆发了战事。希腊作家帕萨尼亚斯写道："布里甘特人……发起了战争，入侵罗马帝国属地格鲁尼亚。"布里甘特人的部落庞大，占据了今英格兰北部的大部分地区。其中大多数人都住在哈德良长城以南，但长城的存在极有可能恰好将他们的领地一分为二，所以一部分布里甘特人或亲属住在了罗马军事区以北。另外，希腊人和罗马人常常用"布里甘特人"粗略地指代所有不列颠部落，尤其是不列颠北部的部落。帕萨尼亚斯提及的"格鲁尼亚"地区具体位置不明，可能拼写有误，另有一些学者认为，这段文字描写的是在欧洲大陆上的拉埃提亚地区，而非不列颠。然而，这场动乱发生在不列颠地区是最合理的推测，而且极有可能发生在哈德良长城以北，可能是与罗马帝国结盟的部落受到了邻族的攻击。[10]

战事结束后，罗马的布防发生了重大变化。哈德良长城不再是北境边防的主要设施，相反，罗马军队向北推进至苏格兰低地，并在福斯湾与克莱德湾之间修建了安东尼长城。新长城以草泥和木材修筑，并从建造伊始就加入了要塞的设计，不过和哈德良长城不同的是，这些要塞并不以容纳整支骑兵队或步兵队为目的，而是作为基地，为来自不同单位的步兵、骑兵等士兵构成的复合部队服务。沿安东尼长城同样设有近似里堡的小堡垒，但没有成排的塔楼，估计是建造者觉得没有必要。和哈德良长城相似，安东尼长城也在城墙前沿设有一座座哨站。安东尼·庇护因在不列颠的一次胜利而被元老院冠以"胜利将军"（imperator）的美名，这也是他在统治期间唯一一次获得这个头衔。

安东尼长城的建造,令哈德良长城丧失了其主要功能,最终被废弃。里堡的大门被拆除,用于安装大门的枢轴石块也被砸碎,以便任何人都可以自由出入。原先壁垒两侧土丘上的泥土也被挪去修筑横穿壁垒的堤道。沿壁垒每隔约135英尺(41米)便修有这样一条堤道,不过有些地区的堤道并未完成,甚至尚未开始修建。尽管卫戍部队的人数应该被大幅缩减了,但哈德良长城的部分要塞可能仍有士兵驻守。其余要塞要么被废弃,要么由人数极少的维护小队看管。

公元161年,安东尼·庇护去世,养子马可·奥勒留继位,就是那位留有《沉思录》传世、充满热诚的哲学家。《沉思录》是一部非常个人化的作品,作者作为举世闻名的帝国统治者,在书中记录了自己对于如何生活、如何治国,以及如何不被权力侵蚀、不为舆论困扰的思考和挣扎,"行善和被人批评,都是王的职责",也正因如此,这本书格外引人入胜。死亡是书中永恒的主题。马可·奥勒留至少有过12个孩子,其中大多数都夭折了,丧子之痛始终笼罩着他,他对自己的结局也同样悲观:"不久之后,你将消失于世,一如哈德良和奥古斯都。"书中还有其他几处提到了哈德良,但这本书并非为了记录政务和事件而写。尽管书中一部分是马可·奥勒留在多瑙河地区漫长而残忍的战事期间写就的,但这

下页图
公元3世纪早期豪斯戴德要塞的复原图,可与如今的要塞鸟瞰照(见第4至5页)对比参看。

些冲突在书中并没有被提及。[11]

同样未被提及的还有他执政初期不列颠再次爆发的动乱，这导致他再次改变策略。大约也是在这期间，安东尼长城被废弃，哈德良长城再次成为帝国的主要边防设施。对安东尼长城的遗迹探究表明，城墙上的要塞是被小心拆除，而非暴力损毁的，说明这次布防变更不是因为灾难或恐慌而匆忙撤退，而是经过了精心的准备和规划。一处碑文记录了公元158年哈德良长城城墙及其上一处要塞的建造工作，同年，已遭废弃的伯伦斯哨站要塞也被重建。这还只是哈德良长城修复和重建的开始。里堡的大门被替换，长城上仍留存的草泥城墙部分以石块重筑，这也可证明哈德良一开始决定用草泥建造这段城墙，并非只因为建造用地附近缺乏合适的石料。壁垒南侧一排被称为"边缘丘"的小土丘，可能就建造于这个时期。边缘丘封锁了堤道，壁垒再次成为有效的交通阻断设施。类似的改造持续了几十年。其中最大的变化之一就是在城墙和壁垒之间建起了一条"军事道"，将里堡、塔楼和要塞连接了起来。在原始设计中，一条人行步道横跨河流而建，现在那些河上架起了桥梁，让人们畅行无阻。

公元180年，马可·奥勒留去世，其18岁的儿子康茂德继位。他是马可·奥勒留唯一长大成人的儿子，各方面都和父亲截然不同。继位不久，例行处理政务的枯燥和监督军队作战的艰辛就令这位新帝心生抗拒——他更愿意回到罗马。在位12年，康茂德大部分时间都待在罗马及其周边地区。身为元老的卡西乌斯·狄奥曾侍奉父子两代皇帝，他对康茂德的描述是"心肠不坏，但头脑简单"，但和其他元老一样，他对康茂德逐渐痴迷于角斗士和竞技表演感到十分不安。年轻的皇帝热衷于在角斗场的皇家包厢里弯弓射杀角斗场内的动物，以此炫耀自己的技艺。有时，他还会亲自上场，以角斗士的身份打一场表演赛。他的对手只配备钝器，以免误伤皇帝。

康茂德行事古怪，但在他统治前期，各行省发生的问题还是由他的下属们出色地解决了。狄奥所作的一份拜占庭摘要（完整版本已失传）中提及，"（不列颠）岛上的部落跨过横亘于罗马军团与他们之间的长城，入侵帝国，无恶不作，还砍倒了一名将军及他的士兵"。老练的乌尔皮乌斯·马克卢斯被派往不列颠领导战事，并"无情地镇压了不列颠的野蛮人"。公元184年，为庆祝不列颠战争的胜利，罗马官方发行了纪念币。如今，考古学家不愿将遗迹上的烧痕层视作暴力摧毁的标志，这是一种健康的转变。早前的学者倾向于将这些燃烧痕迹视为蓄意事件而非意外事故，他们过分热衷于将遗迹与文献资料中提及的任何事件联系起来，但无论哪种看法都过犹不及。近期有学者指出，通过研究发现，科布里奇和霍尔顿切斯特斯（最接近德雷街的长城要塞）遗迹上的烧痕可追溯至公元180年前后，的确可能是蓄意而为之，证明该要塞曾因战争遭到毁坏。[12]

狄奥的文字并未言明那位被杀的将领是统领不列颠驻地军团之一的军团长，还是管理整个行省的行省总督本人。有文书证明乌尔皮乌斯·马克卢斯在公元178年正担任不列颠驻地的军团长，且该文件还记录了已光荣退役且被授予了公民身份的辅助兵名单，所以马克卢斯并非由康茂德派遣，而是在马可·奥勒留在位期间被派去管理不列颠的。这就引出了一种可能，即继任马克卢斯总督之位的将领在战斗中牺牲了，或是因战败而被召回，马克卢斯再次被派去不列颠复任总督一职——这是十分少见的情况，但也不是没可能。另外，如果被杀的将领是一名军团长，那么马克卢斯则可能早已身在不列颠，而不是被康茂德派去处理危机。一如既往，文献中一句简短的描述引发的问题，几乎和它能给出的答案一样多。我们不能简单说哪些人参与了战争、战争因何爆发，也不能追溯战争的过程，尤其是在那些入侵者跨越长城而来的情况下。

马可·奥勒留在位期间，远征帕提亚的军队凯旋时带回了某种未知的传染病，之后病毒在罗马帝国全境蔓延开来，"安东尼瘟疫"就此暴发。城市和军队基地的疫情尤其严重，因为这些区域人口密集。同一时间，多瑙河上游地区正发生着激烈的战事。两个因素加在一起，可能导致了不列颠卫戍部队人数的削减，而北部边境的控制力量也随之减弱了。康茂德统治的后期，不列颠驻军的不满情绪日益高涨，最终引发了多次兵变。[13]

公元192年的最后一天，康茂德在浴室里被勒死。他的继任者由于未能兑现承诺——支付足够多的赏金——所以继位几个月后便被禁卫军刺杀了。随后内战爆发，主角是当时罗马帝国军事力量最强大的三个行省的总督，分别来自不列颠、多瑙河地区的上潘诺尼亚和叙利亚。时任不列颠驻地军团长的德西默斯·克洛狄乌斯·阿尔比努斯，从卫戍部队中抽调出相当一部分兵力，结合其他行省的军队，组成了一支大军，但在公元197年最终战败于卢格杜努姆（今法国里昂）。大战的最终胜利者是路西乌斯·塞普蒂米乌斯·塞维鲁，他出生在北非的大莱波蒂斯，但如同"西班牙人"图拉真和哈德良一样，他也是罗马元老院的成员。

塞维鲁是个不讲情面、冷酷无情的政治家，意识到其他手握军权的元老很可能会威胁他的帝位之后，他就任命自己还在襁褓中的儿子们为共同统治者。这样一来，即使他发生意外，王朝仍可延续。他还宣称自己是马可·奥勒留之子，尽管这一言论毫无根据。塞维鲁一直为元老们所忌惮，从未受到他们的拥戴，而他也总是堂而皇之地依靠武力维持自己的政权。他扩充了人数本已不少的都城军队，让一个新组建的军团驻扎在罗马近郊。执政期间，塞维鲁领导了两场重大的战争，先是领兵远征攻打帕提亚人，后又与喀里多尼亚人交战，随他出战的自然是叙利亚和不列颠地区的军队。这并非巧合，他们在内战期间就曾随他征战，这两场战争再次给了他验证这两支军队忠诚与否的机会。

这并不是说这两场战争毫无意义。在塞维鲁执政初期，不列颠北部出现了一些麻烦，主要是由一个之前不为人知的部落造成的。这个部落名为迈亚泰，推测其成员居住于被废弃的安东尼长城附近、靠近福斯河的地区。许多喀里多尼亚部落不再与罗马帝国结盟，转而加入了他们的阵营。塞维鲁新任命的不列颠总督认为他们战力强劲，而行省的卫戍部队过于孱弱，无法抵御，于是"不得不支付巨款，向迈亚泰人交换和平"，并换回了几名人质作为担保。在苏格兰出土的一些古罗马"第纳里"（denarii）银币可追溯至公元2世纪末、3世纪初，可能就是当时用以买和的补助金。[14]

但和平不可能永远持续。公元207年，战事再起；公元208年，塞维鲁亲临不列颠，花了足足三年时间在北部征战。他带来不少增援兵力，包括许多军团的"分队"（vexillations）——名字源于他们携带的"军旗"（vexillum）。而在这些战争中，位于苏格兰地区的冲锋军营地是不列颠地区已知规模最大的几个营地之一，这些基地一度在福斯－克莱德运河以北重建。但塞维鲁的对手神出鬼没，避免与罗马军队正面交锋，充分利用对地形的了解发起伏击与突袭。狄奥提到，他们利用牛羊为诱饵，诱骗罗马士兵落入埋伏。塞维鲁命令军队发起了残暴的报复行动，这些部落最终屈服，但新一轮战争的爆发促使他下令做出更多暴行，只为以武力威吓各部落臣服。塞维鲁当时的健康状况已不容乐观，大多数时间都在担架上由人抬着行进。军营生活的艰苦，让他耗尽了仅存的气力。公元211年，塞维鲁病逝于约克。尽管塞维鲁一路向遥远的北方征战，但他在统治期间依然对哈德良长城进行了大量修复和重建工作。没有任何迹象表明他计划弃置哈德良长城，北移防御线。

在现有的文献资料中，对同发生于公元3世纪的后续事件记载很少,所以我们无法推测不列颠的部落在罗马皇帝强大军事力量的震慑下臣服了多久。公元3世纪末,苏格兰的一些部落首次提及"皮克特人"这一名字。大部分学者认为,居住于该地区的土著部落可能结成了一个松散联盟,这种趋势也出现在罗马帝国边境线之外的部落社会中。"皮克特"意为"涂绘的"——正如恺撒时期罗马人对不列颠部落人的评价,说他们喜欢在自己身上文身和涂绘——所以这个部落名也可能仅仅是外族人强加给他们的一个俚语词汇,而且,鉴于我们手头资料的匮乏,这个名字可能在此之前就已经存在。坦白地说,不列颠北部部落的社会和政治结构是否发生了变化,我们根本没有足够证据来判断。

然而,对罗马人而言,这一时期毫无疑问是变革的时代。塞维鲁死后,他的两个儿子共同继承了帝位,据说他临终时给儿子们的建议是:"互相关爱,犒赏士兵,别管其他人。"但不到一年,哥哥便杀死了弟弟,然后又在公元217年被护卫队中的一名百夫长刺死。自此之后,罗马帝国陷入了史无前例的内战动乱,殃及数代人。罗马帝国再也没能回到长久稳定的状态。公元476年,西罗马帝国随着末代皇帝遭到罢黜而消逝于历史之中。尽管在漫长的内战期间,驻守于不列颠的部队一定曾被频繁调离、加入内战、支援皇帝,但不列颠大部分时间都幸运地未被卷入帝国内部的混乱局面。

有些权力斗争持续了许多年,以至于在那期间,可能存在几位立场对立的皇帝各自掌控着帝国一部分的疆土,同时统治罗马帝国。自公元260年起的十几年间,莱茵兰、高卢、不列颠和西班牙大部分地区经历了多代皇帝的更迭。学者们传统上将这片地域称为高卢帝国,但后来他们发现那些统治者都是罗马皇帝的合法继位者,他们之所以没有掌控罗马帝国全境,只是因为不愿意或者不能够统辖其他行省罢了。席卷帝国全境的内战同样削弱了西部各行省的势力。最终,奥勒良皇帝收复了西部地区,使其政权回归中央,重新统一了罗马帝国。公元286年,被派往英吉利海峡对付海上掠夺者的将领卡劳修斯在不列颠自立为帝,不列颠再次成为独立政权地,但就各个重要方面而言,该政权仍认为自己属于罗马帝国。至少有一次,之后的罗马皇帝试图收复不列颠却被击败,而卡劳修斯最终被政敌所杀,后者又被当时统治罗马帝国主要地区的皇帝之一击败。在这两段时期内,不列颠在文化和政治上仍具有罗马属性,只不过当时的罗马帝国发展出了不止一个政权罢了。这样的动乱一定也不可避免地破坏了罗马军队的管理、招募、晋升和供给制度,但我们拥有的证据资料不足,难以还原其中的混乱场面,所以就给人一种错误的印象,仿佛罗马军队依然稳定地延续着。

到公元3世纪初,哈德良长城的大部分要塞都有卫戍部队驻扎,并且在罗马帝国统治不列颠的剩余时间内仍会驻扎在这里。当然,这可能只意味着部队以长城为基地,设立总部、储存档案,而维持这样的驻兵安排也算合理。但一如既往,我们很难就此断定各单位的主要兵力到底部署在何处,而且撇开理论值不谈,我

位于豪斯戴德的公元3世纪营房"小木屋"之一。与早前的营房不同,此处不是一整排连本建筑,而是彼此独立、互不相连的棚屋或小木屋。

们也无法确定他们的作战实力究竟如何。大约在公元3世纪30年代,几座要塞的营房规模缩减了一半左右,这确实可以说明当时的驻军人数有所减少,且最有可能反映在步兵队和骑兵队标配兵力的缩减上。其他非常规部队也曾在这一时期出现在豪斯戴德和其他要塞,所以可能有少量非正规训练兵从其他边境地区被调来此处,以补充人数缩减的当地部队,但最终目的还是减少长城驻军的总人数。

公元2世纪末或3世纪初的某个时期,哈德良长城上的许多塔楼被拆毁,入口也被封上,再也没有被重建起来。尤其是在长城中段，仅余少数几座塔楼仍在使用。看起来，坎布里亚海岸上的大部分或者全部小型设施在那之前就已经被弃用了，而为数不多的考古发掘工作也没有发现在罗马人从安东尼长城回撤后，这些塔楼和小里堡有被重新启用的痕迹。不过，沿海的要塞仍被充分利用，说明该地区依然有保留大规模军事设施的必要性。

  塔楼被弃用的同时，哈德良长城上还发生了其他变动。许多里堡的北门被封起，有些地方只留下一道狭窄的小门作为出入口，足够维护长城使用。壕沟上的堤道也都被移除或封断了。然而，虽然出现了这些变动，但里堡仍为军队驻扎所用。接下来，我们从建筑角度看看长城本身的各处细节，以便进一步了解哈德良长城的建造目的，以及它究竟随时间经历了怎样的发展。

******

解析哈德良长城

哈德良长城的最北侧设置壕沟，除了遇到不允许挖沟的自然地势或无须挖沟的绝壁天堑，整座长城沿线几乎都有壕沟。壕沟通常呈V字形，约9英尺（2.7米）深、28英尺（8.5米）宽。挖沟掘出的土被堆在壕沟北侧，整理成一个坡度较缓、坡面平滑的土丘，有效地增加了壕沟的深度，又不会给侵袭者提供任何掩护。虽然在过去的研究示意图中，人们一般将壕沟底部画作矩形，但现在我们能清楚地看到，这种情况其实很少见。壕沟在很多方面都近似罗马要塞外围的沟渠。要塞入口前方设有堤道，在原始设计中，里堡前方似乎也常设堤道。正如先前所言，里堡的堤道大多在公元2世纪末或3世纪初就已被拆除或封断了。

不过，像长城这样绵延约80罗马里（120千米）的人工屏障，就算在建造中有部分段落发生了相当大的变化也不足为奇。相比V形，壕沟某些段落更接近U形，有些土丘内侧被挖得更陡些，形成了类似现代早期防御工事中被称为"外崖"的结构。如果土丘的自然坡度不够，罗马人还会将壕沟的内侧挖得更陡，有时甚至可能造出单侧沟。这些替代设计可能导致部分壕沟较浅，但保证了基本的功能。对任何自北方而来、试图跨越长城、入侵帝国的人来说，这条大壕沟都会减慢他们行进的速度，还能让他们时刻处于守卫的视线范围内。长城设计上的变动多数发生在中部所处的崎岖山地，尤其是靠近30号里堡的石灰岩角地区，罗马人挖掘壕沟时留下了许多花岗岩石块。他们曾向石块中打入楔子以将其破开，工具在石块上留下的痕迹今天仍然可见，因为在之后的几个世纪中,再也没人肯花心思完成他们未竟的工程。

壕沟内侧边缘与长城城墙之间,有一条平坦的"狭道"——该术语同样源自火炮时代的围城战役,但我们不知道罗马人究竟如何称呼那条小道,所以为了方便,我们暂且沿用这个称呼。石质城墙段的狭道一般宽20英尺(6米),草泥墙段的狭道则较窄,平均宽8英尺(2.5米)。几十年前,狭道被首次发现,如今,人们已能确定哈德良长城东段的狭道上均设有障碍物。通过考古发掘,人们在狭道上发现了呈棋盘状分布的三排坑洞。罗马人在洞中插上牢固的地桩,又在桩上依次固定尖头柱(cippi)。这是一排尖头栅栏——可以说是古代版的带刺铁丝网。人们在好几处遗址的壕沟南侧边缘都

石灰岩角,罗马建造工队在挖掘哈德良长城壕沟时曾试图破开此地的花岗岩石块,尝试失败后放弃施工。

发现了一道矮丘，这种设计为企图在栅栏底部匍匐爬行或直接砍倒栅栏支柱的人提高了难度。有些遗址则显示，这套栅栏系统在公元3世纪被升级更新过。和壕沟本身一样，这些木质障碍物并非用来阻挡进攻，而是为了减缓入侵者的行动速度。任何试图跨过这些障碍物的人都会闹出不小的动静，所以即使在夜间也难以偷偷潜入。

石质城墙的建造呈现多种风格，比如地基的变化、宽墙的低矮段被造成了窄墙。长城的地基材料通常为以黏土凝合的石板，墙面则以方毛石（偶尔用更粗糙的石块）砌筑，通常用石灰浆黏合，极少数情况下会用黏土。而内部填充的小石块、碎石和土，则可能是用混合干砌方法，以黏土或更常用的砂浆黏合。在某些情况下，原本干砌而成的墙体内部在后期大修复或重建工程中，会以砂浆重新砌筑。

公元8世纪，比德提及长城"有8英尺宽，12英尺高，由东向西笔直延伸，一目了然，直至今日仍可为众人所见"。12英尺（3.6米）高于现代留存的长城遗迹中任何一段，所以这个数据仅为我们提供了一个绝对最低值，通常估算长城高度在12~15英尺（3.6~4.5米）。48号里堡（波尔特罗斯河里堡）的遗址中存留着一些石阶，估计其完整高度近似于前述高度。但应当注意的是，这一点只能告诉我们该里堡内部墙壁的可能高度。哈德良长城本身不太可能将各部分建成统一高度，尤其是跨越崎岖山地的中段，该处地势多峭壁，还有狭窄陡峭的深沟与峭壁交替出现。这些实地情况要求长城必须修筑得有起有伏，或者为了衔接地势的突然下沉而将城墙修得更高。也有人认为，在某些壕沟较浅的区域，长城城墙可能比其他部分更高些。[15]

  根据现有证据，我们无法证明长城顶部和里堡以及要塞一样设有走道。倒是有充足的证据表明，城墙顶部铺有一条水平的细石子路，如果说走道确实存在过，那么这就是必要的证明条件，但仅就它本身而言，我们无法反证走道的存在。一条反驳走道存在的论据是，罗马其他边境地区修建的木栅栏并没有类似走道的结构，它们仅作为简单的屏障，而在非洲之类的沙漠边境地区建造的一些干砌建筑也是如此。针对这点，我们必须先确定草泥城墙的宽度，这种城墙的宽度更接近顶部设有走道并配有护墙的标准罗马军队草泥墙。另外，即使是窄墙的宽度，甚至是某几部分极窄的城墙，也远比一面简单的屏障墙宽：屏障墙在设计中没有考虑让士兵在上面巡逻，而城墙上任何一处的宽度都足以允许两名士兵交错通行。在长城的原始设计中，城墙背后并不紧靠道路，如果有小队人马需沿城墙移动，在顶部设置走道是最便捷的方式，而将横跨河流的步行桥看作这种防御通信的下一环，可能是这种安排最大的意义。我们对任何护墙的作用性质都只能推测，因为连它们是否存在都无法证明，但就罗马要塞遗迹来看，城垛是最有可能存在的，而且垛口可能比中世纪城堡中常见的那种还宽。

  如果长城城墙高度约15英尺（4.5米），那么推算一下，塔楼

下页图
皮尔谷增设的塔楼说明哈德良长城的设计者有意根据地形调整标准设计。就我们所知，在长城的原始设计中，每两座里堡之间都设有两座塔楼。

高度应该约为两倍，即30英尺（9米）。塔楼并不设立在城墙前方。从图拉真纪功柱和从别处发现的证据来看，当时许多独立塔楼以瓦片或木瓦封顶，四面均有露台。没有直接证据显示哈德良长城的塔楼也具有这两个特点，虽然它们可能也采用了这种样式，但塔楼顶部也可能呈开放式，仅设护墙，提供了全方位的良好视角。士兵不当值时就住在下层的房间，可经由梯子从地面爬入，有些塔楼还能让他们通过梯子登上一个低矮的平台。与里堡相同，塔楼的定位也有一定灵活性。还有一个已知的实例，人们在皮尔谷发现了一座额外的塔楼，所以在39号和40号里堡之间共有3座塔楼。这座塔楼立于一条通道入口处，而通道处于其他塔楼的视野盲区，对巡逻者而言，除非他们自己当时经过了那条通道，否则看不见那里的具体情况。这座最近才发现的塔楼提供了一种可能性，即各地防御建筑很可能根据实际情况进行了相应的增设。

在塔楼中发现的文物表明，分遣队在这些哨站驻留的时间可能较短，也许只待了几天，而不是几周或几个月，但士兵们仍然有时间下厨和赌博——最后一点可从已发现的骰子和游戏板中得证。兵器（尤其是矛和标枪的铁头）也相当常见。直至目前，只在一座塔楼中发现了一枚用于轻型"弩车"（ballista）的弩箭头——弩车是一种双臂发射器，看起来就像巨型弓弩。这增加了一种可能性，即一些或全部塔楼都装备了一种被称为"蝎子弩"的装置，这种弩精准度高、推动力强。根据现有的有限数据，有理论认为塔楼前方的狭道造得窄是罗马人有意为之，这样一来，壕沟几乎可紧挨城墙，塔上的士兵可以看见（并射击）壕沟沿线的各个方向——如果狭道设计成标准宽度，想实现这点就会更加困难。不过，这种现象并未在绝大部分壕沟遗迹中被发现，希望未来的考古发掘能为我们揭示真相，确认这究竟是标准布局还是特殊情况。

相较于通常由罗马军队修建的独立哨站或小堡垒，里堡的规模更小，其侧墙与长城城墙成直角相接，但南侧的外角修成了大型要塞常见的圆角。这些里堡大多约50英尺宽、60英尺长（15米宽、18米长），占地约3000平方英尺（270平方米）。其中一些稍大，47号和48号里堡近60英尺宽、70英尺长（18米宽、21米长），占地近4200平方英尺（378平方米）。最大的要数52号里堡，初以草泥建造，后以石料重建，占地约6932平方英尺（644平方米）。有趣的是，这座里堡以草泥建造时就已明显大过草泥城墙段的其他已知里堡，且所处的地理位置显然十分重要，以至于有必要建造一座大于常规规模的堡垒。52号里堡的内部建筑构造如何，我们所知不多，但47号和48号里堡两侧都有一排兵营，还在墙壁内角搭了一座石炉。还有在48号里堡发现的著名阶梯，在其他任何一座里堡的遗址中都找不到。尽管前述里堡在建造中使用的石料并不好，但建造得更结实，并且设施齐全，甚至还给窗户装上了玻璃。这些规模较大的里堡，很可能是在罗马人决定为长城增设要塞之前建造的。

在其他里堡中，我们没有发现统一的内部结构规划，但这些建筑本身通常显得更粗糙，暗示驻扎于其中的士兵可能较少。一支典型的卫戍分遣队约12人，规模稍大的队伍可能有三四十人。

上图：37号里堡重建图。

下图：长城与壁垒的横截面图。由右至左（从北至南）依次为壕沟、狭道、城墙、通路（军事道）、北丘、壁垒、南丘。

少数马具文物的发现，暗示了马匹的存在，一支分遣队中配有至少一名骑兵是非常合理的，这样的配置能够提高要塞间的通信速度。整体来说，各个里堡中的发现表明士兵待在这里的时间比在塔楼中更久，因为有大量证据表明他们会在里堡中准备食物，以及维修、制造装备。在其他边境地区，我们听说有士兵被派至偏远的哨站驻扎数月，但在哈德良长城附近，所有要塞距离城墙都不超过4英里（6.5千米），因此在这种小基地里服役的时间应该会短得多。

每座里堡的南、北两座外墙上都设有一个巨大的出入口，可能仅有一座例外。里堡坚固的结构表明，北门上方的塔楼是整座建筑的标配，也可能在南门上方还有一座，虽然这样的安排看起来用处不大，因为它无法扩大全方位的视野。北墙上的塔楼意味着，结合城墙上的塔楼，长城上每隔三分之一罗马里（0.5千米）就有一座瞭望台。里堡南、北两侧的大门稳固结实，坐落于建筑中轴线上，连接它们的是一条宽阔的大道，可由此穿越长城。这条大道在某些里堡中并不实用，比如42号里堡的门通向一个45度陡坡，不仅人难以穿行，马匹更难，而牛车或驴车几乎不可能通行。35号

一座塔楼的剖面图。此处展示的是一座瓦片封顶的塔楼。目前仍不确定塔楼顶部是否真实存在，或是否采用了开放式结构。

里堡北侧紧挨悬崖，峭壁深度近100英尺（30米），显然没法用于交通。几乎所有里堡都有南、北两座大门，而35号里堡可能就是唯一的例外，因为在那里几乎找不到罗马人试图修建北门的痕迹。如果这些推测都属实，那么哈德良长城的设计者借此再次表达了他们根据地形调整设计的意愿。

先前提及的所有元素都来自哈德良长城的原始设计模板，这个模板成形于决定增设要塞并加挖壁垒之前。壁垒对那些试图擅自穿越长城者而言是一个巨大的屏障，尤其是在赶着牛、羊或马时——且不论这些是居民合法拥有的，还是被入侵者偷走的财产。壁垒的建造很令人费解，主要是由于针对它的考古工作还做得很少，也因为在罗马其他边境地区没有发现与之相似的结构。虽然壁垒本质上是土方工事，但被挖掘得相当细致。在石灰岩角的后方，辅助部队彻底清理了岩石，挖出了完整的壁垒，而不像军团工作队只留下了城墙前方的壕沟半成品。

最近的考古发掘工作没有发现壁垒曾被重新挖掘的证据，甚至也没有罗马人曾定期清理壁垒的证明。不过，我们也不能断言整条壁垒的情况都是如此。关于边缘丘是否为原始设计的一部分，人们意见不一，但可能性更大的是，罗马人从安东尼长城撤回后才新建了边缘丘，用以封断穿过壁垒的堤道。相比直接挖除堤道或重新填补南北两侧土丘上的缺口，这种做法更为容易。有人认为壕沟北侧可能也增设了一道边缘丘，但相关证据较模糊，无法确定。

哈德良长城沿线增设的要塞也使一些大型里堡显得多余，导致在做出这一决定后完工的里堡在规模及驻扎人数方面都缩减了。新增设的要塞还使所有里堡通道的重要性降低，尤其是在壁垒挖成、来往南方的道路被阻断之后。后来，罗马人辟出了从旦堡直通北丘的道路，但没有明确证据显示还有越过壕沟直抵南丘的道路。即便如此，这些工事的建造时间都较早，几十年后，许多里堡的北大门才被削减规模，重建为简单的通道门。罗马人在这些哨站的长期驻留足以说明，这些里堡自建造起便发挥着实际的军事作用，而非只为了提供穿越长城的通路。如果35号里堡从未建过北门的情况属实，那么它的军事地位从一开始就极为重要。从许多塔楼被拆毁可看出，罗马人认为它们不再有用，这在哈德良长城的中段部分尤为常见，更增加了长城上设有走道的可能性。哨兵或巡逻兵若站在如此高的位置上，越过长城护墙向外瞭望，所获的视野应该仅逊于站在塔楼顶端的人了。

下页图
日耳曼地区罗马瞭望塔的复原建筑之一，或可反映出哈德良长城上塔楼的外观。

******
要塞与城镇:士兵与平民

哈德良长城上的要塞是穿越长城和壁垒的绝佳通道，而壁垒和防御工事本身一样，是一道巨大的障碍。另外，如前所述，在城门处一定还设有一个大型通关口，允许德雷街向北延伸，而几乎可以肯定的是，卡莱尔附近也另有一个允许南北要道延伸的关口。豪斯戴德附近，纳格河地区也增设了一道门，建造日期可追溯至公元2世纪末或3世纪初。这道门无疑由要塞的卫戍部队把守，可能是该座要塞北门位置不便，修建此门以作补偿。

科布里奇和卡莱尔地区两条主干道沿线的城镇蓬勃发展，虽然就规模而言不及不列颠行省南方的少数大城市，更比不上高卢之类行省的大城市，但以不列颠尼亚的标准来说也算大型定居点了。每个城镇都有常驻军队，也有独立的军事设施容纳相当人数的军团分遣队，但这并未改变社区的民用属性。文德兰达出土的木牍清楚地表明，约公元100年，贸易商和生意人被吸引至北方边境，而人数如此庞大的士兵长期驻扎于一个地方，更是创造了新的市场，那些来到士兵社区创收的人也一样。显然，人们在不列颠尼亚的北方，在比我们过去认为的更北的北方也建起了住宅，开垦了大片农田种植创收。哈德良长城是范围更广的帝国经济的重要组成部分，聚集了来自帝国各地的商品和人员。

商人紧随士兵而来，即便在战争时期也是如此，几乎只要有军事基地建成，且其中有士兵驻扎了一段时间，平民就会迅速在周边聚居。如果某座要塞长期留存，周边社区也会长久稳定下来，这些社区最终可能会演变成正式的"乡镇"（vicus），拥有一定程度的自治权，而行动统一的社区被称为"村落"（vicani）。他们有时还会建起官方建筑，比如用以安置出公差的文武官员的"客栈"（mansiones）。位于文德兰达的哈德良长城要塞外有一座大宅，无疑是为了某位大人物而建，尽管有人猜想那座大宅可能是皇帝本人为了视察北方边境自己修建的，但这也只是一个让人感兴趣的猜测罢了。还有证据表明，在某段时期，豪斯戴德和伯多斯沃尔德的乡镇建有军营，所以在要塞周边地区定居的也并不全是平民。[16]

就整体而言，乡镇中的大部分建筑物都比官方建筑的规模小，也更简单。靠近道路，尤其是靠近直通要塞的主干道的房屋价格高昂，所以建筑物常会被设计成正面窄、整体深的狭长形，我们称之为"条形屋"。这些屋子的门面通常会用作营业场所，比如商店或小酒吧，也有大点儿的酒馆之类的，或者是工坊和庙宇。除了缺少宏伟的公共建筑，这里和其他普通城镇或大村庄没什么两样。大部分乡镇都人头攒动、热闹非凡，而且许多乡镇的规模都很大。近期在豪斯戴德的调查显示，当地平民区的占地面积比要塞本身大几倍，壁垒两侧住宅林立。还有许多地方的乡镇规模可能没那么大，但也很可观。公元3世纪初，哈德良长城要塞附近的乡镇处于鼎盛时期，丰富的日常物资自远方运输而来，足见其繁荣程度。到目前为止，我们只在沃尔森德和豪斯戴德两处平民区四周发现过围墙和（或）壕沟的痕迹，其他地区都只是被简单地夹在壁垒和长城城墙之间。在坎布里亚海岸的玛丽波特，乡镇被围在壕沟中间。

虽然乡镇占地面积大于一旁的军事设施，但它依旧依附要塞，因为要塞为它的存在提供了理由。哈德良长城的要塞在大多数方面都符合罗马帝国西部的典型辅助部队要塞设计：整体呈卡牌形，外墙采用圆角设计，四面各设一个出入口。建筑正门总是采用双拱结构，直通要塞内最重要的"纵向主干道"（via praetoria）。这条道与"横向主干道"（via principalis）交会，构成"T"字形。横向主干道连接着要塞的两个侧门，其沿途分布着基地的核心建筑。

要塞的"总部"（principia）立于T字路口。这是一座配备了庭院的大型综合建筑，包括一间大会堂、几间办公室、存放大量军队档案的储存室、一间存放军饷和贵重物品的金库（条件允许的话，金库一般建在地下），以及陈列军旗和皇帝塑像的"神殿"（aedes）。驻扎于总部的部队生活受到管制约束，并留有日常记录。

总部旁是驻军指挥官的"官邸"（praetorium），规模通常可与总部匹敌，甚至更胜一筹。官邸的设计沿袭传统的意大利豪宅风格，基本设计思路类似于四合院，即让四面住宅环绕着中心的小花园，这是一种能在炎热的地中海夏日为居住者提供舒适阴凉的理想设计。官邸还为在其中工作的奴隶和自由民提供了寝室、厨房和其他一些房间，因为这些人保证了骑士大人能过上如他那般地位高贵的人期望的舒心生活。从文德兰达的木牍上，我们还清

从哈德良长城36号里堡向东北方向的索英希尔兹峭壁眺望所见。

楚地了解到，驻地长官有家人陪伴是当时的常态，所以女性和孩童通常居住在要塞的心脏地带。那些木牍还记录了生日派对以及其他高级军官家庭互相拜访的社交场合。总而言之，这些都展现出一种非常惬意的生活方式，即使在那些用木材建造长城的区域，宅子也造得又大又好。用石料建造的官邸还配有私人浴室和地暖，地暖采用火炕系统，以火炉热风供暖，这种房子想必会让人更舒适。

要塞中更为实用但规模同样宏大的设施是"粮仓"（horrea），通常也被建造在横向主干道上。粮仓的结构与其他建筑有明显的不同，高大的外墙设有扶壁，地板以石柱或矮墙支撑抬升。这些设计本是为了防止虫害，但与高天花板相搭配，还有助于调节仓内温度，从而更好地储存谷物和其他食物。粮仓的主门常有抬高设计，可直接从推车或马车上装卸麻袋、木桶等笨重货物。粮仓一般成对出现，如果要塞经过了整体或部分的原地重建，新粮仓通常并不会修建在原先的位置上。这不仅说明了粮仓的重要性，还表明直到新建筑准备就绪，罗马人会尽可能长时间地使用老建筑。

每座要塞内还配有一家"医院"（valetudinarium），但目前我们对医院的布局了解得太少，不足以辨认其特征。豪斯戴德要塞总部后方有一栋带庭院的建筑，很可能就是医院，但我们无法确定。文德兰达的兵力报告中列出了31名住院患者，其中6名受伤、10名眼睛发炎，还有15名患有其他疾病。眼疾可能会因兵营内照明不佳、烟雾浓重而恶化。有趣的是,我们听说当时有一种含硫化汞的眼疾特效药,药的发明者是"不列颠舰队"(classis Britannica)的一名眼科医生,名叫阿克西厄斯。文德兰达的一块木牍提及了"药剂师"(seplasiarius),其他一些木牍则在购物清单中列出了药品名称或制药原料。当时的军事基地和古代城市十分相像,不但是人口密集区域,而且偶尔会有来自远方的个人或团体到访,这增加了传染病的风险,据一项估算数据表明,每座要塞中的医院仅可容纳整座要塞卫戍部队人数的5%~10%。不过,整体而言,部队要比相对贫穷的平民拥有更好的医疗设施,士兵也能在当时的医疗水平下享受到较好的照顾。

从遗迹来看,比医院更好辨认的是"浴场"(balneum)。浴场一贯以石料建造,并总是建造在要塞护墙外,因为浴场内设的火炉可能造成火灾。当然,这就意味着浴场设于乡镇区域内,在有些情况下,附近还有其他建筑。沐浴者要接连穿过温暖、闷热和寒冷的房间。罗马人以橄榄油作肥皂,并用"刮身板"(strigil)洁净皮肤。浴场内还设有其他活动空间,从运动到棋盘游戏,再到简单的聊天、饮食都可满足。浴场设在要塞之外,或许更能让士兵体验到下班放松的感觉。[17]

每座要塞中的大部分空间都为部队住宿所用,建筑物的具体数量依据驻扎部队的类型而定。一座营房按设计可容纳一支80人的百人队。营房被设计成长条建筑,大部分内部空间被划分成一对一对的房间,每对房间可供一个8人"小组"(contubernium)

居住,战争期间,这8个人也会共住一个帐篷。按此计算,一支百人队中有10个小组,所以一座营房中应该有10对房间,但并不是每座营房都如此,不同建筑的房间数量多少也会有差异。即使这种认为一对房间安置一个小组的推测是正确的,我们也不清楚士兵们究竟如何睡觉,他们可能睡双层床,也可能睡稻草垫或行军床,还可能两三人共睡一张床——这对出生在中央供暖时代的我们而言或许较为陌生,但在人类历史上的很多阶段都很常见。人们还在一些遗址中发现了壁炉,但似乎并非所有时期都有。文德兰达的营房地板上铺有一层层灯芯草、石楠和稻草,一旦用脏,罗马人并不会将它们清理干净或是重新铺设,而只会简单地在上面盖一层新鲜材料,所以最终地上积下了一层又厚又脏又烂的植物垫,加上里面经常能发掘出一些被遗失的物品,包括鞋子之类的大物件,所以更给人一种房间里又挤又暗、遍地害虫的印象,夏季尤其如此。营房一侧尽头的房间被扩建成一间套房,让百夫长能住得更舒服。套房的内墙可能经过糊泥和粉刷,还可能有房间供"掌旗官"(signifer)之类的初级军官居住。

正如我们所见,在公元3世纪30年代前后新建的营房比旧式的更小。这种新式营房可能只设有5对供小组居住的房间,但其他构造都和旧式的类似。这种变化似乎发生在整座长城沿线上。在某些遗址还能看到被称为"木屋营"的新式营房:不再是一整座建筑,而是被各个小组各自占用的独立小屋,有侧墙,有屋顶,两栋木屋之间由一条窄道隔开。考虑到建筑结构的改变并未反映出任何其他变化,所以我们推测,这样的结构在建造和维护上都更为简单。

混合步骑兵队和骑兵队的马匹都需要马厩来安置,但直到最近,考古发现才为我们揭开了马厩的神秘面纱——人们在沃尔森德确认了几处马厩遗迹。罗马人选择将马厩建成一种形状类似普通营房的复合建筑,而非仅具养马功能。马厩一侧是一排供骑兵住宿的房间,大约可容纳一支30人的骑兵队,每间房通常配有一个壁炉。房间背后是一排马棚,以其内部设施"尿坑"(地板下的几道排水用的浅沟)为识别标志。这样设计估计是为了方便清理隔间和更换草垫。两排房间各居建筑物的一侧,互不相连,必须从楼外分别进入。马厩后来重建成每间房可容纳3名骑兵,同侧隔壁(可能不相连)安置相应的3匹坐骑的布局。马厩楼上极有可能建有阁楼,以增加储物空间,也可能作为马夫的起居空间。马夫通常都是奴隶,负责帮助骑士照顾马匹、维护马具。和步兵营房一样,马厩也和我们想象中的不完全一致,如果要完全容纳一支30人骑兵中队,应有10组房间,但实际上一栋马厩中只有9组。

和营房一样,这种复合式马厩营房在楼道尽头也设有供将领和其他军官居住的套间。不过,这些套间似乎不包括供马匹居住的空间,所以我们不是很清楚军官的坐骑都被安置在哪里。在马厩里,人与马住得很近,无处不在的马汗味、粪便味、潮湿的皮制马具味、草料味、谷物味,一定会和人们的各种衣服、食物、烹饪的味道混在一起。任何一处卫戍力量强大的要塞一定十分拥

位于豪斯戴德的扶壁式粮仓遗迹之一,可见当时这些功能性建筑的巨大规模。请注意观察用于抬升地板高度的一排排支柱。

挤，人与动物比邻而居，但大部分周边城镇同样人口稠密。当然，还有一点也不能忘记，辅助部队的骑兵队员往往自驻地附近的行省乡村中招募而来，通常习惯与动物为伴。

奴隶也为要塞增加了居住人口，其中包括许多军队自有的奴隶，罗马人称他们为"戴头盔者"（galearii），他们穿着简单的制服，并受过一些训练，其他奴隶则是非战斗人员，但并非要塞内唯一的非战斗人群。自奥古斯都时代起，罗马士兵就被禁止合法成婚，直到约两个世纪后，塞维鲁才取消了此禁令。禁令主要的目的在于避免国家在战士生前死后承担抚恤其妻子、儿女的义务，因为很显然，在实际生活中，几乎没有任何措施阻止士兵与女子私通以及赡养自己的家人。一些士兵的出生地被记录为"兵营中"（in castris），表明他们正是前述结合的产物。只要这些孩子达到符合入伍的年龄，军队同样会欣然接受他们。在当事人看来，这也是正当的婚姻关系。哈德良通过了一部法律，方便士兵将自己的财产遗赠给家人，这对当时的士兵而言显然十分重要。辅助兵退役时会被授予公民身份，不仅包括士兵本人，还包括他的一名妻子，以及与该妻所生的孩子，对许多人而言，这是对其"已婚"身份的承认。

这就引出了另一个问题：这些士兵的妻儿住在哪里？答案并不明确，可能是由于各地各单位的情况都不相同。文德兰达有确切证据表明，士兵与家属一同住在军营里，因为在铺作地板的草

下页图
公元200年左右的文德兰达要塞，当时要塞残存的石块至今仍可见于原址。

这座3世纪的兵营按原尺寸复原,位于南希尔兹,可以让我们很好地了解当时士兵住所的外观。

料堆里常能发现与士兵家属有关的物件,包括鞋子。这些物件显然是由于照明不佳而被居住者遗失在房里,而非之后被当作垃圾丢在那儿的。其他遗址,如豪斯戴德,就没有发现女性和孩童曾居住在要塞内的确切证据。如果某个士兵的家属住在要塞外的乡镇上,那他究竟有多少时间用于陪伴家人?是否部分士兵被允许在要塞外过夜?还是说所有士兵都可以这样做?这些问题的答案我们不得而知。百夫长似乎一直被允许成婚,他们在军营中的套房也很可能是与全家人一起享用。

纵观罗马要塞布局,居住空间比防御设施更引人注目。若将乡镇也纳入考量,整个社区看起来就远远不止一座纯粹用于备战的军事设施，而更接近一座有军队驻防的城镇。在要塞中，士兵们生活、工作、演习、训练、吃饭、睡觉、娱乐，还要养家糊口。举例来说，豪斯戴德有一片十分出名的公厕区，里面的便器依靠水箱蓄的雨水冲洗。这个具体例子表明，在一幢设计坚固、功能明确的建筑中，也可能有日常活动，军事基地中仍可充满浓烈的城市生活气息。在整个罗马帝国，尤其是西部行省，军事基地的布局和设计都与此处的要塞有共通之处。士兵到达另一处驻防要塞时，总会见到令他安心的熟悉构造。

不过，虽然各处要塞设计相近、外观相似，但没有哪两座要塞是一模一样的。近几年对几处遗址进行的更全面发掘，揭示出后续要塞经历过重新设计，且往往与之前的明显不同。公元2世纪末或3世纪初，另一些人曾在文德兰达的要塞或要塞附属的防御建筑里居住过一段时间，那些人住的是传统的铁器时代圆屋。现在我们已无法判断那些人是友好的当地居民，还是人质或囚犯，抑或是喜欢以传统方式生活的当地劳工或士兵。约在塞维鲁出征苏格兰期间，南希尔兹要塞被改造成了一座大型仓库，护墙内至少建有22座粮仓。这座要塞地处泰恩河口，照理说附近应有一个港口，但我们还未能确定港口的具体位置。这座巨大的后勤基地是后勤保障系统中的一环，功能是支援塞维鲁带领的超级远征大军。尽管在塞维鲁之后，北部驻军的总人数有所减少，但长城及周边仍有大量部队驻守，南希尔兹也可能在接下来几代人的时间中仍作为后勤基地发挥着重要作用。

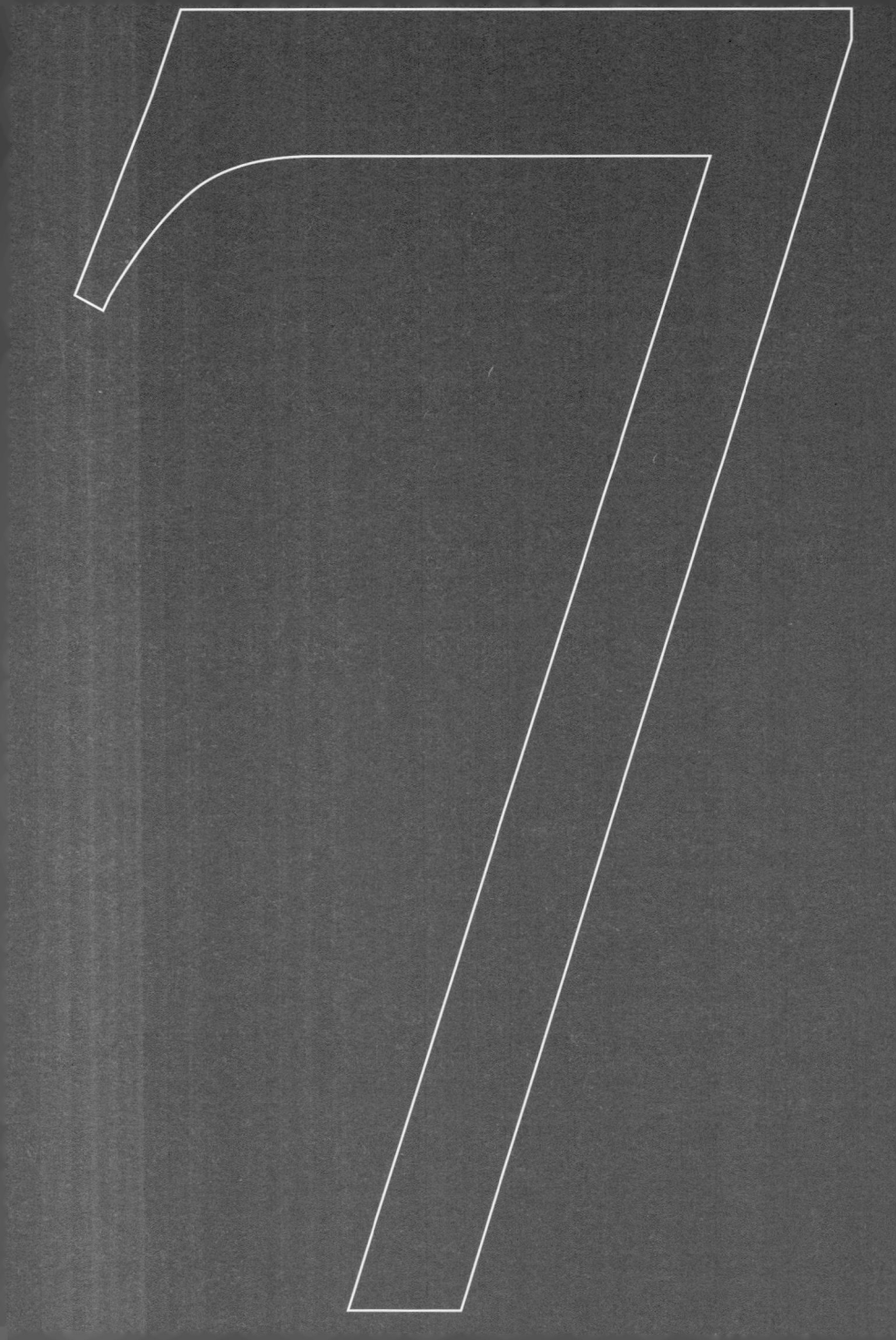

******

长城上的生活

由于文献资料匮乏,不列颠北部曾爆发的几场激烈冲突极有可能未被提及。但有确切证据表明,在哈德良执政期间,除他统治初期发生的一场战事外,至少还发生过另一场重大战役,所以我们可以断定,还有其他未被证实的战争发生于公元2世纪,更不用说在相关记录更少的3世纪和4世纪了。在现有的文献资料中,即便是在那些记录十分详尽的时期,小规模的军事行动也不太可能会被记载。比如公元4世纪,史学家马塞林就曾这样总结自己在高卢地区参与的几场规模相当小的战事:"除了这些战斗,还发生过许多不值一提的小冲突……浪费笔墨来描述实在没有必要,因为那些战斗毫无成果可言,也不该用无关紧要的细节让历史变得拖沓。"[18]

文献中关于长城卫戍军参与过的战役记录很少,但即便如此,我们仍可以肯定,对大部分罗马士兵而言,参战是偶然甚至罕见的体验。即使在一场重大的战役中,相较于真正交战所用的时间,许多部队也都把大部分时间花在了行进、等待或操练准备上。有些士兵可能参加过好几场战斗,但有些士兵可能服役25年都从未在真正的战役或冲突中迎战过敌军。士兵在役的大部分时间都在和平的日常生活中度过,战斗对他们而言多少有些遥远。但就算是这样,哈德良长城及其周边社区也确实是因为军队而存在的,罗马军队的规章和习惯是长城生活的核心。

从某种意义上来说,军队从不合眼,因为无论是白天还是黑夜,总有哨兵当值。但对基地而言,每天日出时分号角吹响,卫

罗马要塞的行政中心是"总部"。这幅图展示了公元2世纪豪斯戴德要塞的总部建筑。

长城上的生活

这幅剖面复原图描绘了文德兰达要塞外的第二座,也是较大的一座浴场。左下角那座不能直通主建筑的建筑物是公共厕所。

成部队被唤醒，这一天才算正式拉开帷幕。接着，军官集合，士兵列队在总部接受检阅。文德兰达的木牍中有多篇程式化的晨报记录，可追溯至公元2世纪初：

  4月15日。第九巴塔沃鲁姆混合步骑兵队（Cohors VIIII Batavorum）报告。所有当值人员在岗无误，辎重在库无误。报告由各队百夫长副手（optiones）及监管员（curatores）完成，由克里森斯百人队百夫长副手阿尔库蒂乌斯提交。[19]

  "百夫长副手"是百人队中的二把手，"监管员"则是骑兵队什长的副手。他们中的一人似乎会作为当日代表根据各小队点名情况提交报告。在其他边境地区发现的文件清楚表明，每日清晨，他们会记录部队总人数和出勤情况，并将其归档。部队每天都会更新口令并发布其他指令。一份驻埃及军团的百人队值勤表记录了10天内分配给士兵的杂务，包括"守门""清洁浴室""护送百夫长塞里纳斯""清扫街道""打扫公共厕所"等。

  从入伍起，士兵的整个军人生涯就会被一直追踪、记录，如"盖乌斯·朗吉努斯·普里斯库斯，22岁，左眉有疤"，直至死亡或退伍，如"退伍……狄奥尼修斯之子特里芬……患有白内障，视力受损"。军队中关于动物的记录也近乎完整："根据常规手续登记马匹，4岁，毛色微红，有马头罩，身上无烙印，经我批准，分配给骑兵尤利乌斯·巴苏斯。"

  还有相当一部分文档记录了军饷发放的情况。在哈德良执政时期，军饷每年分三次发放给士兵，每次100枚第纳里银币，或400枚币值更小的"塞斯特提"（sestertii），但发放给辅助部队的具体数额不明。一份来自埃及的军饷单，列出了士兵应得薪酬中诸多需扣除的款项。在写下这份报告的年代，军团士兵一年也只收到225第纳里，可想而知，当时的辅助兵年薪不太可能比这个高，估计还会低些。另外，在这份记录中，军饷数额和记账过程均以当地的德拉克马币为单位，该货币价值与塞斯特提大致相当：

路西乌斯·阿西尼乌斯在职期间（公元81年）

来自大马士革的昆图斯·尤利乌斯·普罗库鲁斯

收到帝国第三年第一期军饷，

共计247.5德拉克马，

其中：

干草	10德拉克马
食物	80德拉克马
靴子和皮带（可能含袜子）	12德拉克马
营地农神节	20德拉克马
?	60德拉克马
总支出	182德拉克马
本次余额	65.5德拉克马
之前余额	136德拉克马
总计	201.5德拉克马

收到同年第二期军饷247.5德拉克马，
其中：

干草	10德拉克马
食物	80德拉克马
靴子和皮带（可能含袜子）	12德拉克马
规定要求	4德拉克马
总支出	106德拉克马
本次余额	141.5德拉克马
之前余额	201.5德拉克马
总计	343德拉克马

收到同年第三期军饷247.5德拉克马，
其中：

干草	10德拉克马
食物	80德拉克马
靴子和皮带（可能含袜子）	12德拉克马
衣服	145.5德拉克马
总支出	247.5德拉克马
本次余额	343德拉克马

其他人的军饷单上还有因丢失或重新发放衣物装备而扣除的费用，但另外一些款项，比如食物，似乎是标准项目。每个单位

中上百名士兵的账务明细都同样详尽地记录在案,可见当时罗马军队的档案量之巨。这些档案会被存放在每座要塞的总部。

除了士兵和牲畜,装备也同样要经受检查。卡莱尔出土的一块木牍记录了一件距哈德良长城建成约一代人时间之前的事,里面给出了骑兵队装备短缺问题的解决方案,并将士兵姓名按所属骑兵队一一列出:

> 多西利斯向营长奥古里努斯致以最诚挚的问候。依据您的指示,我们已将所有遗失了标枪的枪兵名单附于信后,这些枪兵或是无战斗用标枪,或是(无)小号的"军用上衣"(subarmales,可能是一种穿在胸甲内的无袖短上衣),或是(无)标准佩剑。

还有大量文档记录了军队所需的物资。另一份出自卡莱尔的文字,列出了一支骑兵队所需的谷物补给,总计大麦669蒲式耳(约合14.57吨)*和小麦2267蒲式耳(约合61.70吨),并分条列明了该单位的16支骑兵队分别分配到的数量。[20]

每支卫戍部队的实际人数,根据具体情况各有不同,很少真的能和理论上的部队规模以及组织结构完全相符。第一通古伦步兵队(Cohors I Tungrorum)于公元1世纪末驻扎于文德兰达,相关的兵力报告显示,该步兵队有752名士兵登记在册,包括6名百夫长,相当接近800人左右的理论编制。但实际上,要塞仅驻扎

---

* 换算为译者所加,蒲式耳根据谷物类型不同,换算比不同。

着296名士兵和1名百夫长,其中还有31名不适宜当值。队伍中的一名百夫长在朗蒂尼亚姆,两名在其他地方各自带领一支小分队,另外还有45名士兵长期随行省总督的步兵护卫一同工作。队伍中人数最多的一支大队有337人,在两名百夫长的带领下驻扎于科里亚(几乎可以肯定就是科布里奇),离文德兰达相对较近,行军不足一日即可到达。第九巴塔沃鲁姆混合步骑兵队的指挥官弗拉维乌斯·塞拉利斯曾将文德兰达描述为自己的"冬日住所"(hiberna),这和恺撒当年的说法很相似,原因则很可能是当时许多部队都会在基地度过寒冷的冬季,到了春夏时节再去其他地方服役。[21]

同样的派遣模式在那些从其他行省回来的部队中也有体现,军官和士兵都曾在远离所属步兵队或骑兵队驻地的地方待过很长一段时间,有时还会去相当远的地方,甚至是不同的行省服役。但无论他们身在何处,军队始终追踪、记录着一切。里堡和塔楼都需要分遣队驻守,即使与要塞和主部队相距不远,士兵也无法迅速响应号召。科布里奇和卡莱尔的军团,偶尔还有其他基地的军团,都曾从卡利恩、切斯特和约克的要塞中抽调士兵,耗时长达几个月甚至更久。罗马帝国其他地区的军团分遣队有时也会来到不列颠北部,而不列颠尼亚的驻军,包括那些驻守长城的队伍,也同样会服从命令,被调去其他行省。

无论驻地士兵实际人数是多是少,卫戍生活都要继续,记录也必须实时更新,尤其是关于军饷、装备和配给品发放的记录,

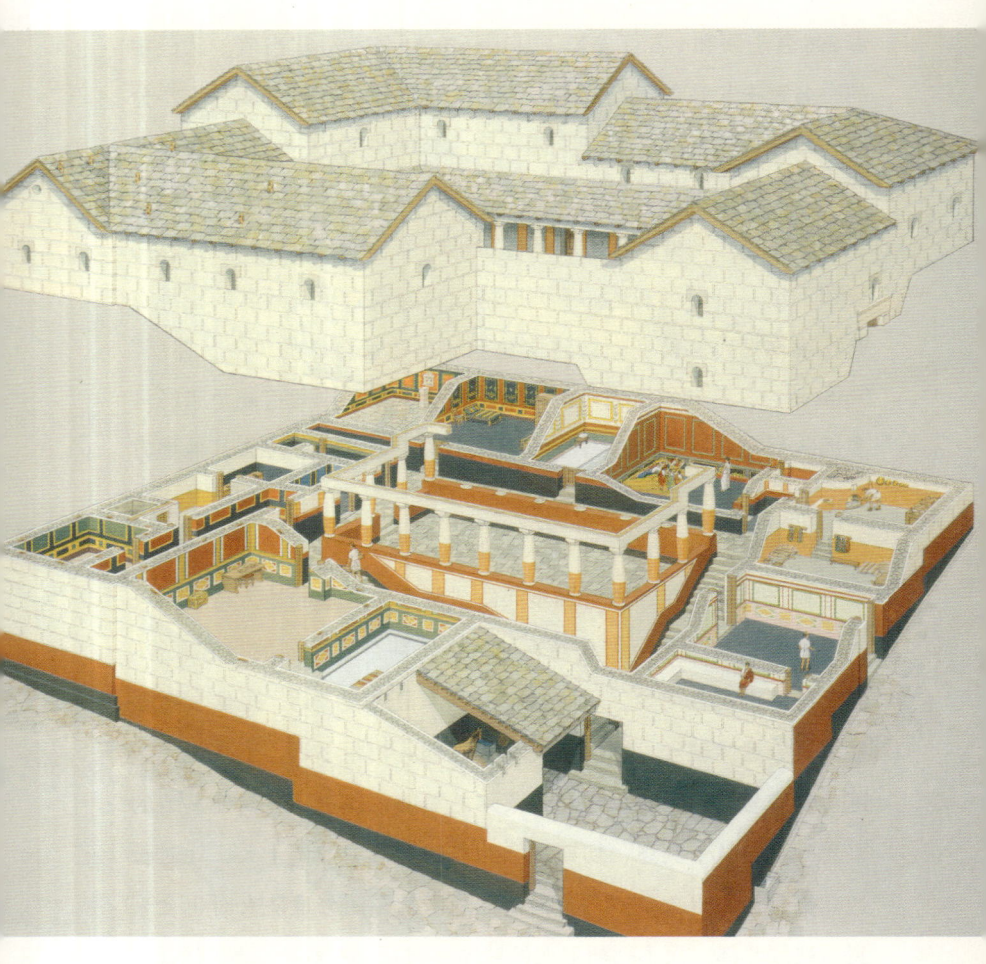

公元2世纪豪斯戴德要塞的将领官邸剖面复原图。这座建筑物是指挥辅助部队的骑士军官的典型住房,唯一的特点是建造在一处陡坡上。

因为反过来讲，这些数据意味着对粮仓和仓库的监管。大部分要塞还有自己的"车间"（fabricae），用于制造并修理武器、铠甲、头盔、挽具、马具、马鞍、帐篷、盾牌和其他一些东西，士兵们需要在车间里工作，维持其运转。马也不能成天待在马厩里，它们需要锻炼和照顾，用作驮畜和挽畜的骡子、小马和牛也一样。这些工作的一部分会由军队中的奴隶或士兵（尤其是骑士）的家奴完成，但大部分还是得靠军团士兵和辅助兵自己。维护要塞内建筑物、长城城墙及其他设施，是驻兵的日常工作之一，而定期建造新设施或大规模翻修旧建筑，则是更大的任务。所有这些工作都离不开基础作业，如制造砖瓦、采石打磨、伐木取材，以及将人力和物料运输至作业地点。所以在平淡的文字记录背后，一座建筑的建造或修复过程其实是十分忙碌的。

和所有贤明的皇帝一样，哈德良提倡严格的军事训练。发现于非洲北部的一系列碑文记录下了他观看部队演练后发表的演讲。其中之一是为骑兵队所做的：

> 校场上尽是你们的步伐身影，尽管手中的枪柄短而笨重，你们投掷的动作依旧优雅。一些人猛掷长枪时颇具技巧。你们跳上马匹的动作生动有力，一如既往的迅捷。如果有任何不足，我会注意到……你们在整个演练过程中始终令人满意。

之后，他又观看了混合步骑兵队中骑兵的演练，这些骑兵能拿到手的军饷比骑兵队的高贵骑士更少，装备也更差。哈德良开

口便提到:

> 步骑兵队的骑手表现得总是不尽如人意,即便他们已十分努力,尤其在观看了骑兵队演练后,就更难以让人欣喜了:训练场地规模不同,投掷手更少……马匹和武器的状态也只能和军饷保持同一水准。但你们用自己的热情将倦怠感驱逐,轻快地完成了所有动作。更重要的是,你们既能用投石器发射石块,也能投掷标枪,而且无论在哪个角落总能敏捷地上马。

他偶尔会在表扬中加入建设性的批评,比如某些弓箭手在列阵时过慢,或是某些骑兵在模拟战中由于追击速度过快而打乱了阵形。[22]

毫无疑问,长期的准备工作为罗马驻非洲军队的良好表现奠定了基础,他们可能会提前从多方面得知皇帝要来视察的消息,并尽最大努力给皇帝留下好印象。行省总督理应视察并上报军队状态,但考虑到士兵们肩上负担的种种工作,留给各种训练的时间和机会并不多,出勤也往往很差,因为部队成员大多分散在广袤地区的各个角落。理想状态下,士兵的体能和使用武器的技巧都应被着重强化,如使用固定目标练习剑术、对抗练习拳术,又如投掷标枪,弓箭手练习射箭,骑兵练习跳跃上马、下马(这个技能在马镫尚未发明时尤为重要),人与马培养默契,以及骑在行进的马上练习朝移动靶投掷标枪——比如在文德兰达,士兵便把奶牛头骨固定在杆子上,当作练习发射蝎子弩或小型速射弩车的靶子。

不过,总体而言,我们还是难以从考古学角度分辨出军队阅兵和训练的场地，所以对这些活动究竟发生在哪里仍知之甚少。相关文献中还提及了团体训练，包括部队行进、列阵演习、临时营地搭建和模拟战斗。公元1世纪，为反抗罗马统治，犹太战争爆发了。作为犹太领袖之一，约瑟夫斯曾谈及罗马军队时刻在为战争做准备，形容说"演习是不见血的战斗，战斗是血流遍地的演习"。行省总督的职责之一就是视察辖区内各军队单位，上报他们的状态，并责令队伍改正各自存在的所有问题。但理想的战备状态总是很难达到，因为这要求军队在所承担的各种任务和保持良好军事作用之间取得平衡。一场突如其来的大战会让罗马军队措手不及，而这样的情况实际上发生过不止一次。如果他们能事先收到警报，就会提前展开密集的训练，使部队处于最佳备战状态。[23]

无论是军事训练，还是记录和归档，抑或造路、修理枪头、清扫公厕，士兵们始终需要吃喝和休息。军队每天都会配发谷物——通常是小麦，往往还有肉类作为补充，比如牛肉、羊肉或培根。军团配发的猪肉似乎比辅助部队的多，体现了意大利士兵的传统口味，但其实在哈德良执政期间，军团中来自意大利地区的士兵已经很少。在辅助部队要塞（包括长城上的那些）出土的骨头证明，辅助兵吃了不少牛肉，羊肉和羔羊肉吃得更多，其中大部分肉可能来自当地。大部分军队的食谱都荤素兼备，其中扁豆尤其多，但在对安东尼长城贝尔斯登要塞的一处公厕下水道的分析中，人们发现这里的卫戍部队食谱近乎全素。

配发的食物多为生食或未经处理的原料，所以士兵得自己把谷物磨成面粉后再烹调。通常，同住一对营房的士兵会一起做饭，如果他们有奴隶或妻子，也可能会得到帮助。要塞中没有类似餐厅或食堂的地方，所以士兵就在营房里或附近区域解决吃饭问题。军队一天吃两顿基本餐，早晨吃"早餐"（prandium），一天结束时吃"晚餐"（classicum）。酒也会配发，通常是像醋一样的"酸葡萄酒"（acetum），或者是便宜的"波斯卡酒"（posca）*，但当时"啤酒"（cervesa）似乎更受欢迎，对从欧洲北部招募而来的士兵而言更是如此。一块文德兰达木牍上留下了当时一位什长写给指挥官的信，他在信中请求补给，还在末尾加了一句："我的士兵们没有啤酒了，请下令再送些过来。"战争期间，"硬面饼"（bucellatum）和腌培根则是常见食物。[24]

除标配餐食外，在环境允许的情况下，士兵们会通过打猎和捕鱼来丰富食谱，还会购买其他食物，比如更好的酒、水果、鸡蛋、各种肉、鱼和牡蛎。在要塞、乡镇以及像科布里奇和卡莱尔这样的城镇，他们可以购买到各种各样的食品。从文德兰达出土的木牍上，我们经常可以看到请假申请，但并不清楚申请的是长假（可以让辅助兵回到远在尼德兰地区的家乡）还是短假（只能让他们去附近的城镇拜访、游玩）。长城建成后，整个地区的人口都增长了不少，这为那些仔细计算开销的士兵提供了更多可选的货物和服务。军官及其家属自然比普通士兵吃得好，而且能尝

---

* 一种用醋、水和香料等混合而成的酸甜饮料。

到更多外来食物。文德兰达出土过一块木牍，由一个叫西弗勒斯的奴隶写给指挥官杰尼亚利斯的奴隶坎迪杜斯，要求他安排购买包括萝卜在内的食物。另一封信（可能也是奴隶写给奴隶的）的内容，则是为一大户人家购买一系列所需食物的指导清单，其中包括：

> 豆泥2莫迪（modii）*，鸡20只，苹果100个，如果你能找到质量好的，100或200颗鸡蛋，如果售价合理……8塞克斯塔里（sextarii）†鱼露……1莫迪橄榄。25

虽然军衔更低的士兵可能负担不起这么多奢侈品，但想到哈德良长城和罗马帝国其他哨站居然有品类如此繁多的食物、饮料和其他货物可买，还是很令人震惊。每名士兵一般都不只有一双鞋子，还会有制服靴子、轻便的室内鞋，以及走在浴场加热过的地板上时穿的木拖鞋。这与中世纪大不相同，那时的人大多只有一双鞋子，穿坏了才会换。文德兰达出土的木牍显示，早在公元1世纪末、2世纪初，某个军队基地就已在繁荣的罗马帝国全境完全建立起长途贸易联系了。

要塞外的乡镇上有小旅馆，士兵们可以在那里吃喝、下棋或玩骰子游戏、赌博，当然，想要风流一下也可以。豪斯戴德周边的平民区出土了成堆的骰子，还发现了伪造钱币和谋杀的线索，这些全

---

* 古罗马容积计量单位之一，1莫迪约合8.62升。

† 古罗马容积计量单位之一，1塞克斯塔里为1/16莫迪。

沃尔森德

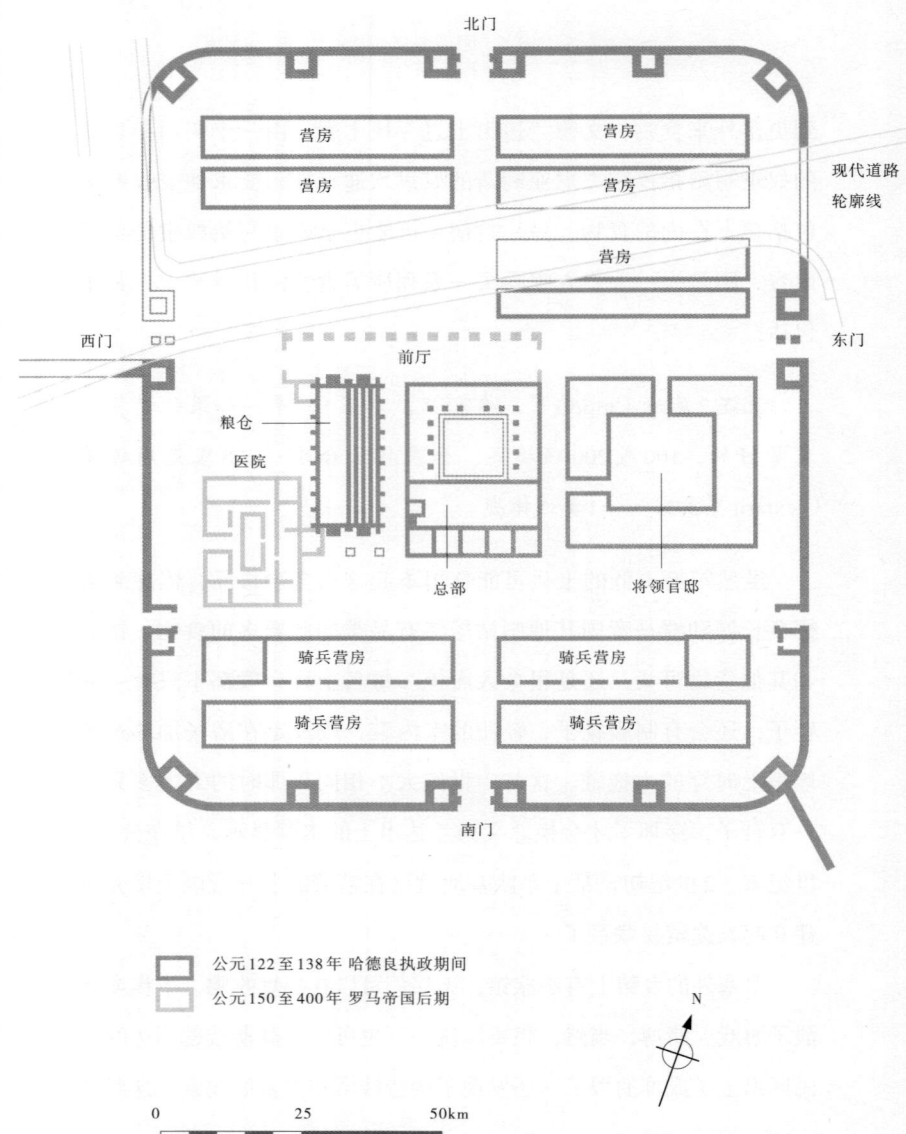

顾名思义,沃尔森德要塞坐落于哈德良长城的最东边*,长城尽头位于泰恩河畔,离该要塞出入口不远。沃尔森德要塞按混合步骑兵队规模而建,理论上可容纳480名步兵和120名骑兵。

---

* "沃尔森德"(Wallsend)一词可拆解为"Walls end",即长城尽头。

都发掘于要塞护墙方圆几米内。受害者是一对上年纪的夫妇,被埋在一栋房子的地板下。当时人们可能只是以为他们失踪了,因为直到考古学家发掘,他们的尸骸才重见天日,而在文德兰达一座营房的地板下也发现了一具可能有类似遭遇的男孩骸骨。[26]

  毫无疑问,哈德良长城上的生活可能逃不开血腥暴力,而且鄙陋又艰难,但我们也不该对此过分想象,毕竟长城是军事管制区。在文德兰达,一个商人若被士兵殴打了,可以向高级军官投诉,最有可能的投诉对象便是地方行政长官,而且可以确信,投诉不会毫无结果,甚至很可能得到赔偿。许许多多的平民被吸引到长城附近,为自己创造了繁荣的生活,而退役老兵也会选择留在自己曾服役的地区附近。曾有一名叫巴拉茨的男人,来自丝绸之路上的绿洲城市巴尔米拉(位于今叙利亚境内),可能是当时的现役或退役士兵,也可能是一名给军队提供补给的商人。在某个时候,他购买了一名叫雷吉娜的女奴——其名意为女王或王后——她是不列颠人,来自泰晤士河北部的卡图维劳尼部落。巴拉茨为她赎身并娶她为妻,并在她死后,为她打造了一座昂贵的纪念碑。碑雕中的她坐在藤椅上,全然一副罗马妇女的打扮。碑文主要以拉丁文书写,但在最后,巴拉茨以自己的闪米特语方言弯弯曲曲的文字写道:"呜呼,雷吉娜,巴拉茨的自由女人。"[27]

  墓碑的存在证明了当地社区的民族多样化,同时也展现了熟悉而又自然的人类情感,人们总会纪念自己的朋友、丈夫、妻子、爱人或伙伴。在这一切之中,最令人感到沉痛的莫过于孩子的纪念碑，比如一座5岁女孩的纪念碑，她有一个像是日耳曼语的名字"阿赫泰拉"；"最亲爱的女儿"，6岁的朱莉娅·马特纳；或者"埃尔托拉，大名维尔利比亚，在这世上活过了最幸福的4年零60天"，她的墓碑还雕出了她抱着球天真烂漫的样子。在南希尔兹，一位父亲为儿子立碑："圣洁的逝去的灵魂：奥……杜斯终年9岁零9个月，路西乌斯·阿伦提乌斯·塞尔维安乌斯（修立此碑）致最爱的好儿子，这是他应得的。"在同一遗址还发现了另一块碑："维克托，摩尔人，终年20岁，努梅里亚努斯的自由民，隶属于第一阿斯图卢姆骑兵队，骑兵队以最诚挚的心意为他修立墓碑。"在碑石上，这位死去的年轻人被刻画成斜倚在榻上、享受款待的模样，我们无法得知他究竟是作为受人爱戴的公仆还是作为爱人而受人祭奠。[28]

在古代，宗教与仪式随处可见，许多碑文本质上都充满宗教气息，帝国各地也都设有向神明供奉的祭坛。最常见的当是罗马自己的守护神，敬神仪式作为国家和军队的官方仪式的一部分，每年都会举行。军队会敬奉大量雕工精美的祭坛给"至高至伟朱庇特"（Jupiter Optimus Maximus），这些祭坛上常刻有高级军官及其军队的名字，仪式也很可能会选择在某场正式的阅兵中举行。比如，某座祭坛上刻有"献给朱庇特，至高至伟的神，第一西班牙混合步兵队（cohors I Hispanorum equitata）指挥官路西乌斯·卡米乌斯·马克西姆斯谨守誓言，虔诚敬献"。[29]

相比起来，其他献祭就显得更加私人化，尽管耗资同样巨大。卡洛堡的密特拉神庙（mithraeum）更像是一个供奉这尊东方神祇的昏暗神洞。密特拉教是一个神秘的宗教,信徒们发誓对本教仪式秘而不宣。密特拉教崇尚男性的力量,入教者需要通过仪式才能成为级别更高的教徒。而且,该教似乎对骑士军官有着特别的吸引力,可能是允许他们和同级别士官建立关系的有效途径之一,也能提供令人满意的情感交流。和辅助部队将领的其他供奉一样,密特拉神庙的主祭坛上也刻有庄重的敬奉文字:"献给战无不胜的神明密特拉,路西乌斯·安东尼乌斯·普罗库鲁斯,安东尼第一巴塔沃鲁姆步兵队指挥官谨守誓言,虔诚敬献。"[30]

密特拉神庙附近有一座女神科文提娜(Coventina,有时也写作Covventina)和仙女宁芙们的神庙,环绕一处天然泉水而建。神庙里曾有大量碑文,但遗迹中几乎已无法辨认,所以关于此处供奉的神产生了两种意见:一种认为在罗马统治该地区之前,这位女神已被当地人供奉;另一种认为她是自罗马帝国某凯尔特地区引入的神。当时,各地区将当地神祇与希腊罗马神话中近似的神结合起来是很常见的现象,所以才会有狩猎之神维诺托努斯(Vinotonus)被重命名为西凡纳斯(Silvanus),以及将科基狄乌斯(Cocidius)等同于战神玛尔斯(Mars)的情况。比尤卡斯尔的哨站要塞曾被称作科基狄乌斯神庙(Fanum Cocidii),似乎为当地信徒圈出了一片朝拜之地,这或许是为了让罗马人能够管控部落集会。尽管在公元1世纪,罗马人镇压了德鲁伊教,但在不列颠北部似乎没有出现不同信仰体系之间直接冲突的迹象。在大部分情况下,地方宗教并未被视作与帝国原有文化和宗教不相容,对本就是多神论者的罗马人而

"埃尔托拉,大名维尔利比亚,在这世上活过了最幸福的4年零60天"的墓碑。碑上雕有一个拿着球的小女孩形象,女孩左右手的大拇指和其他四指根根分明,因为每个孩子都知道手指应该有几根。

言,几个新神的加入不是什么大问题。唯有德鲁伊教是个罕见的例外,部分原因在于罗马人厌恶他们的人祭传统,还因为德鲁伊教祭司的权威凌驾于各部落和地区首领之上,极有可能统领不列颠人起义,与罗马为敌。最终,德鲁伊教被宣布为非法宗教,公元60年罗马人突袭莫纳岛(今安格尔西岛)时,该教最为神圣的神庙也遭到摧毁。这种与另一个宗教团体发生正面冲突的情况在当时十分罕见,但即使罗马人愿意信仰地区教派并为其建造神庙,也并不意味着双方自愿进行文化融合。当地人完全可能无视各种罗马教派,但获准延续他们的传统宗教仪式。[31]

鲜有直接证据能证明公元4世纪以前哈德良长城地区有基督教存在,这点与不列颠尼亚的情况大体相符,所以并不令人意外。我们难以通过考古工作发现早期教堂遗址,因为那些教堂中碑文极少,直到很久之后,罗马人才建起了在我们看来可算作教堂的建筑物。所以,我们可以合理推测,在那之前,基督教徒只作为个体存在,在长城地区建立教堂,一如罗马帝国其他大部分地区的基督教发展模式,一开始是小规模,后来范围逐渐扩大,变得更为普遍。而等到君士坦丁一世皈依这个新宗教后,已然壮大的基督教就变得知名度更高了。有证据表明,在坎布里亚海岸的玛丽波特要塞外发现的公元4世纪末的巨大建筑,很有可能就是一座教堂,而在文德兰达、豪斯戴德和南希尔兹也可能曾建有小教堂。

祭坛和神庙作为信仰和仪式的物质遗迹留存了下来,但日常生活的其他方面能留下的考古学痕迹却近乎为零。文德兰达木牍最引人注目的一点，在于它们反映了不列颠北方边境卫戍部队的日常生活和贸易往来，尤其是部队将领及其家属的社交生活：

> 克劳迪娅·塞维拉向雷皮迪娜致以问候。我的姐妹，我诚挚地邀请您于9月11日来参加我的生日会，如果您来的话（？），将为我这一天锦上添花。请代我向凯里亚利斯致以问候。我的埃利乌斯和小儿子也向他（？）致以问候。我期待您的到来，姐妹。再见，我的姐妹，我最亲爱的人，祝愿一切安好，向您致敬。

如果说在哈德良长城建成的一代人时间以前，人们在边境的生活就已安定下来，那么在它建成后的大部分时间里，边境至少也该是安全的，毕竟有更多军队集中到那里。常年生活于长城各要塞和长城外哨站的人中，骑士军官及其妻子的身份是最尊贵的。居住于长城北部高罗切斯特的一位行政长官的夫人，便是一位元老的女儿，她照管庞大的官邸时会和在自己家中一样，管理奴隶和自由民，照料孩子、监督他们的教育。就算边境的居住舒适度不及安定的行省，大型公共娱乐活动和节庆活动肯定少得多，规模也更小，但这些夫人和她们的丈夫一样，仍然按照人们普遍熟悉的阶级差异过着符合自己身份的生活。初级军官和他们的家庭是这样，其他士兵和住在要塞内外的普通平民也是如此。哈德良长城上的生活，在许多方面都和罗马帝国别处的生活一样。人们有着类似的穿着、同样的流行品位，讲着同样的故事，唱着同样的歌，就像其他地方的人一样。

卡洛堡要塞附近，一处天然泉水旁建立着科文提娜和宁芙们的神庙。在神庙遗址发现了大量祭品和还愿供品，可见当时神庙吸引了众多朝拜者，包括士兵以及来自长城沿线更广泛地区的平民。

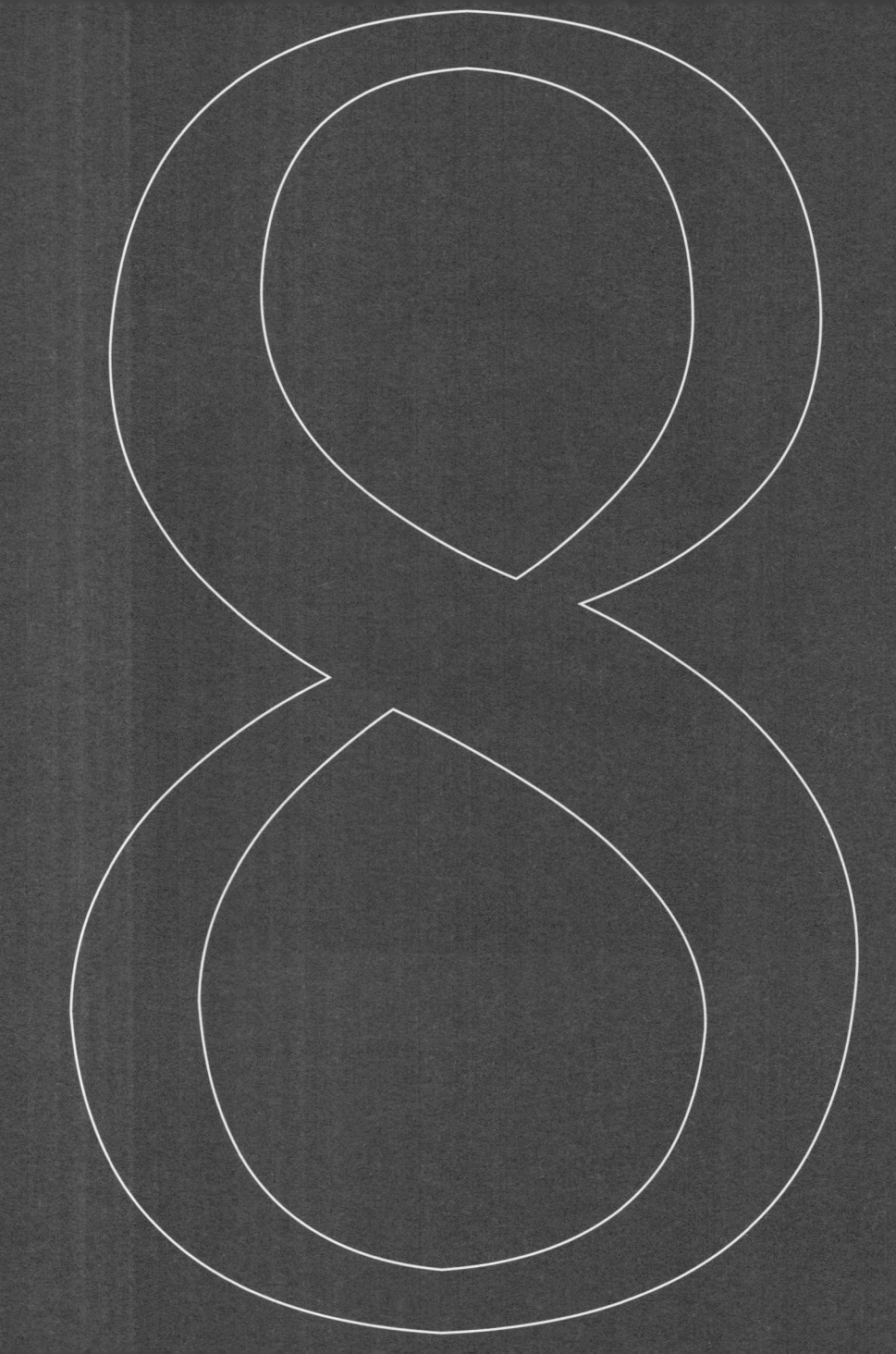

******
哈德良长城的运作：解读证据

哈德良长城的存在使和平的旅行者穿越边境时也必须通过一座里堡——这是最初的设想，之后修改为通过要塞，或是为数不多的其他几扇大门。这种设计让罗马官方能够监控每一个穿越军事区的人，选择是否允许他们通过，还能征收通行费。这些措施反映出罗马军队监控着人们在其他边境或敏感地区的行为，比如在埃及红海沿岸港口的往来道路上。对于不列颠北部地区，我们难以断言当时有多少平民经常穿越长城，也难以说清他们是谁，或者去做些什么事。哈德良长城被弃置、安东尼长城取而代之后，我们也难以想象罗马人花费了多少精力才在壁垒上辟出口子、造出通道，并拆除了原来里堡的大门。这些的确能说明通行哈德良长城的人流量之大，足以让罗马人不惧麻烦，完成这些改造工作，但并不能告诉我们那些通行者究竟是谁，又为何需要穿越长城。但要说罗马人不遗余力地建造了耗资巨大的哈德良长城，还在300年的绝大部分时间里一直派人驻守并维护它，却仅仅将其当作一座巨大的海关屏障的话，实在让人难以想象。

当地驻兵人数之多清楚地表明，罗马人认为边境地区存在明显且严重的军事威胁，这也意味着安东尼长城被弃置后，哈德良长城被重新启用了。如果只把哈德良长城看作一个面子工程，或者说仅仅是哈德良用来标榜自我的宏伟建筑，那么修筑它似乎就没有必要了。但是罗马军队的作战纲领本就为移动作战，而非静态防御，他们信奉强势进攻，无论是在战略层面还是在战术层面都是如此。依靠优异的指挥和管理能力、严明的纪律、有素的训练、高质量的装备,他们面对各种对手都稳占上风,当他们的对手是一支部落军队时更是如此,毕竟,敌军往往都是由一小部分半职业军人,加上一群空有巨大热情却缺乏训练和纪律的部落民众组成。部落军队规模越大,往往就越难使其领军者管理和指挥,这反而放大了罗马军队的一切优势,所以一支罗马小纵队常常能打败人数远超自身的敌军。

在任何阶段,哈德良长城的设计都以允许罗马军队快速通过为前提。到公元3世纪,驻扎于长城上或附近的士兵中,超过1/4为骑兵,包括3支普通骑兵队,一支大型千人精锐骑兵队——驻斯坦威克斯的佩特里亚纳骑兵队（ala Petriana）,以及混合步骑兵队和一些非常规军中的骑兵。配备了如此高素质的骑兵力量,驻军大可在长城前方较远处,甚至是远离前哨要塞的地方巡逻。他们时刻提醒着人们罗马兵力之强,势力范围之广,还能为罗马军队提供当地部落及其首领的状态情报。同盟、间谍和线人则是更为重要的情报来源。外交活动同样重要,无论是给土著首领提供补贴,确保他们仍对罗马帝国保持友好,还是派遣罗马代表与部落代表会面,评估酋长情绪,探听邻近部族状况。在其他边境地区,我们听说有百夫长参与部落议会,而在文德兰达的木牍上则提到了"执事百夫长"（centurio regionarius）这一称谓,身具这个头衔的人可能负责在某个地区内与当地人打交道。

重大战争极少发生,罗马军队希望在战争还处于酝酿阶段时就获取大量情报,进而获得预警。如果有紧急外交事件发生,而威胁和金钱又都不能及时解决问题，那么军队就会从可调遣成员中召集一支或多支纵队，公开出战迎敌。多数情况下，罗马军都会取得胜利，除非敌军比预想中更强、更善于作战，或者（这是更大的危机）长城地区的卫戍部队伤亡殆尽、不堪重荷、训练不足或领导无方，那么他们就可能战败，或是耻辱地撤退。

哈德良长城并非为抵御一支意志坚定的敌方大军而设计，因为长城整体过长，难以保证每个节点的守兵都足够强。而长城最有可能受到攻击的时刻，就是卫戍力量比往日薄弱的时刻，因为此时他们无法在敌军抵达长城前就将其击败。考虑到这一点，长城防御线过长，兵力被稀释的问题就更为严峻了。一支强劲的队伍针对长城上的某一点进攻，就有可能挫败守军，拿下该处通关口。许多里堡封锁了出入口，迫使敌军选择进攻防御更完备的要塞或其他主要关口，但在卫戍力量薄弱时，什么麻烦都有可能发生，所以仅靠这样的机制本身并不足以保护关口安全。哈德良长城无法阻止强大的敌军，但可以减缓敌军的行进速度。想拿下长城上的关口需要时间，还可能消耗兵力，而要穿越大门、跨过壁垒，耗时就更久了。

这些拖延能够给罗马人更多时间恢复状态，从行省的其他地方（或帝国的其他地方）调遣队伍，最终组成一支足以在正面战斗中打败敌军的强大军队。调遣队伍所需的时间取决于整体局势，当其他边境地区发生军事危机时，甚至在公元2、3世纪帝国内战频发时，要集结一支能有效应战的队伍，可能需要数月甚至数年之久。

长城及其驻兵的存在，加之针对远北的积极外交手段，令罗马人在大多数时间里都足够强大，足以遏止大战的发生，或在作战中有力地击败敌军。小规模的突袭则是另一个问题，当我们考虑到这一点时，长城的设计看起来就更为合理有效了。在铁器时代的社会，突袭十分常见，也是最为频繁的冲突类型。哈德良长城以北群体组织松散，与一支部落订立的和平条约也无法约束部落内所有首领和民众自觉遵守。一次成功的突袭能抢掠不少好处，包括货物、牲畜以及可作为奴隶的俘虏，还能带来荣誉，因为这展示了首领及其追随者的强大力量。

哈德良长城能够阻碍未经授权的通行，而且此处卫戍部队人数众多，其中还有不少骑兵，有充足的兵力参与追捕，并与任何突袭军交战。一般而言，来犯敌军被拦截只是时间早晚的问题。长城的存在为罗马人提供了应对时间。即便在突袭之前，敌军密探要想穿越长城，找到合适的突破点，也不是件易事。在其他边境地区，许多部落仅被允许前往边境区域内或附近的少数几个集市，而被允许在帝国范围内旅行更是一种特权，是信任的标志。如果没有提前拿到农场、住宅、庙宇或其他资源所在位置的信息，突袭者就只能在进攻的同时花时间寻找所求资源了。

穿越哈德良长城不是一件易事，壕沟、屏障和地势都会拖缓进攻者的速度。人或许可以翻爬城墙，但马匹不行，所以进攻者越过城墙后，行进速度受到了限制。侵略者从一开始就有可能被

罗马辅助部队骑兵图,基于2005年在北英格兰兰开斯特地区发现的一座墓碑所绘。

长城北侧的巡逻兵发现，当他们试图翻越城墙时，风险就更大了。大队人马被发现的可能性自然更高。一小撮人或许可以偷偷穿过长城，但如果被发现了，即便是塔楼上的小分队，或者是城墙上的几个巡逻兵（此处假设城墙上有走道），都可以拖延他们前进，给他们以打击。而在穿越城墙之后，还有壁垒等着他们，他们在这里会被拖延得更久，被发现的可能性更大。规模更大的突袭队伍可能会奋勇作战，拼出一条血路来，击败里堡守军，穿越长城，但这么一来，很难不触发警报。

在夜幕之中，或是在浓雾、大雨或下雪天等能见度很低的情况下，突袭队伍被发现的可能会小一些，有机会偷偷穿过长城，但守军只需一个简单的警报——无论是通过烽火或旗帜传递信号，还是派骑兵通报——就能提醒最近的卫戍部队附近存在危险，使其有时间准备应对措施，并派出侦察兵搜寻更多情报。一场以抢掠为目的的突袭往往有迹可寻，比如定居点被攻击、旅人被伏击、牛群或羊群失盗。突袭的破坏程度越高，就越有可能被发现：农场燃烧时升起的烟雾几乎等同于示警的烽火。

即使突袭者成功了，也还会产生其他问题。抢掠来的财物需要运输，这会拖慢他们的步伐。如果他们自己背着赃物，那就只能按照负重行进的速度撤退；如果他们让牲口把东西驮回去，那动物自然也快不起来。被偷的动物需要放牧、照料，俘虏也得严加看管以防逃跑，而另一些有价值的人质，比如妇女和小孩，则很可能跟不上战士的移动速度。所有这些战利品只有被安全运回去之后才有价值,但对那些突袭成功的人而言,他们的返程速度将不可避免地比来时慢得多。如果抢到了一群牲口或几车货,那么他们返程时就必须带着这些一起渡过途中遇到的每条河流,更别提还要穿过壁垒和长城城墙了。而在艰难的返程途中,罗马人还一直在追捕他们。诚然,罗马军队不可能在帝国所有边境地区都成功拦住每一个侵略者,所以他们才会一次又一次地成功入境,但在回去的路上,他们常常会遭到罗马军的逮捕或歼灭。一座可能来自科布里奇的祭坛,记录了一次类似的截击事件:"骑兵长官昆图斯·卡尔普尔尼乌斯·孔塞西尼乌斯,截杀一队科里奥诺托泰人后,谨守誓言,向最灵验之神敬献。"[32]

这是文献中唯一提及科里奥诺托泰人的一处,所以即使这位长官没有弄错他们的身份,我们也不知道这个部落来自何方,人数几何,战力如何。

只要哈德良长城上的驻兵安排得当,就可以很容易地阻挠敌人进犯。一些突袭者可能会设法绕过长城,从海路入境,所以罗马人沿坎布里亚海岸也布置了类似的军事设施,以发现并截获突袭队伍。每一次罗马军队成功阻截突袭,无论是捕获还是歼灭突袭者,都有助于树立威信,震慑潜在的敌人,而突袭者每一次带着战利品成功逃脱,也都会鼓励更多人铤而走险。对计划突袭长城的人而言,罗马的报复行动是另一种震慑。罗马军队会发起有效的突袭行动,从军事区向北挺进,凶残地攻击来犯者所属的部落团体。离长城最近的定居点尤其容易受到攻击,但罗马也完全

豪斯戴德

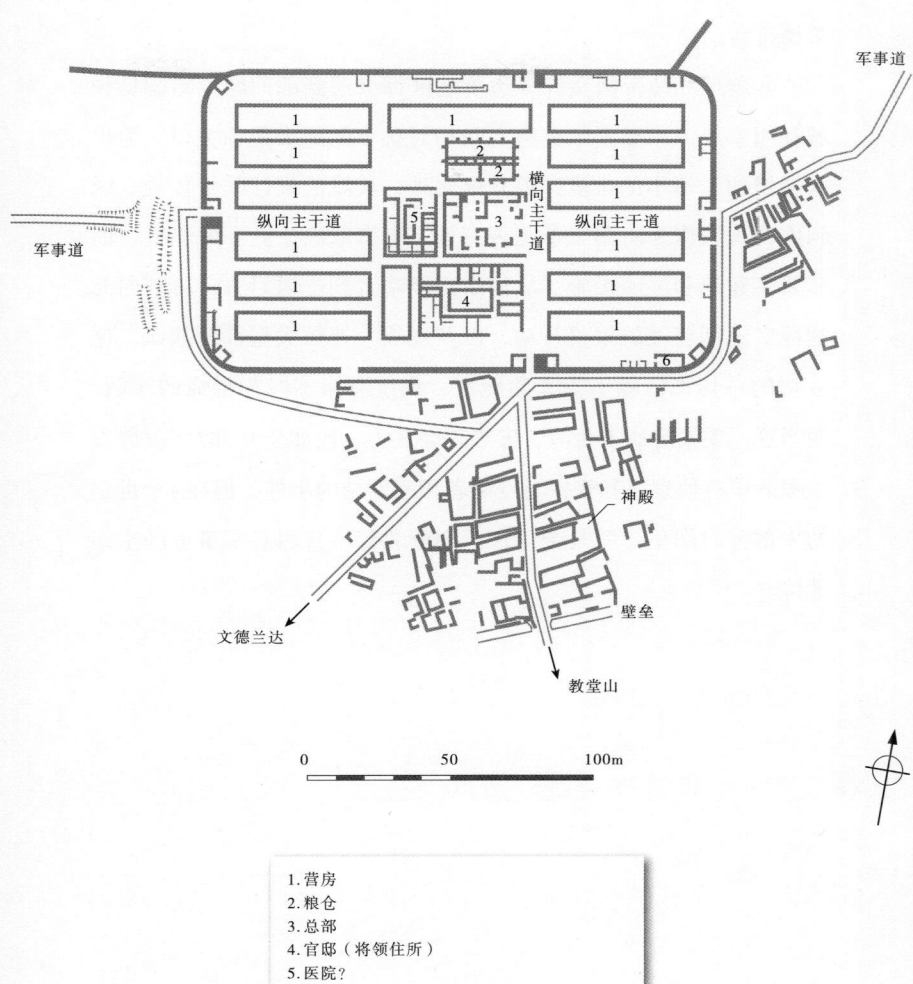

1. 营房
2. 粮仓
3. 总部
4. 官邸（将领住所）
5. 医院？
6. 公厕

豪斯戴德有直接证据表明，罗马人并不是在初始设计完成后就决定为长城增设要塞，而是在建筑作业已经完成一部分的情况下做出了这个决定，因为增建要塞需要拆除长城上的一座塔楼。

有能力组织一支大队，深入北部地区征战，甚至能跨越福斯－克莱德运河。

突袭是罗马帝国在许多边境地区都会遇到的问题。哈德良长城利用泰恩河口至索尔威湾之间相对狭窄的地带把住关口，为出入境增加了不小的难度，但除此之外，长城的设计非常传统。说到底，长城作为防御工事是否有效，更多取决于驻守的士兵，而非要塞建筑和屏障设施。从侦察到侵略者到击退对方，再到向北远征实施惩罚性的报复行动，以及迎战并挫败大型部落战队，这一切的一切都依赖一支人数庞大、训练有素、时刻待命的军队。而当这一要素有所不足时，灾难就会发生，比如公元367年就曾发生军队中有侦察兵和密探与侵略者相互勾结的事件，但在3个世纪的大部分时间里，罗马帝国在不列颠北部一直占有军事上的主宰地位。

✶ ✶ ✶ ✶ ✶ ✶
时代的变迁与帝国的终结

公元3世纪，除了步兵队和骑兵队，哈德良长城上还驻扎过各种非常规军单位，比如驻守于豪斯戴德、由赫努迪夫里杜斯率领的"小队"（numerus），或是在同一要塞驻扎的"来自斯恩赫德的日耳曼公民"纵队，以及弗里斯兰人的"楔队"（cuneus）。出土陶器证明，曾有大量日耳曼部落成员及其家属在该基地以传统方式烹饪，还有迹象显示，他们可能住在要塞外乡镇上的某个独立区域内，而非要塞中。罗马人有一项悠久的传统，他们会从近来的敌人中招募士兵，再把他们派遣至遥远的边境，借此消除潜在威胁。这些非常规军似乎直接受自己的将领指挥（比如上面提到的赫努迪夫里杜斯），而非由骑士军官统率，而且这种队伍的组建成本可能也更低。我们很难说这些士兵接受过多少训练，也不知道从外观和战斗方式来看，相较于士兵，他们是不是更像勇士。公元3世纪30年代，罗马步兵队和骑兵队人数遭到削减，这些非常规单位驻守长城的目的，可能就是增援长城驻军兵力，但就其本质而言并非常驻军队。同一时期，类似的盟军和非常规单位在罗马帝国各处都更为常见。

长城驻兵发生了质的改变，而这不过是变化之一。公元212年，卡拉卡拉赋予了帝国绝大多数自由民罗马公民的身份，这意味着许多辅助兵从此成了罗马公民。与过去相比，这种地位不再那么有优势，因为此时法律逐渐将公民区分为"高贵者"（honestiores）和"卑微者"（humiliores）。前者通常是富人，即使触犯律法也会被从轻处罚，而在罪行同等的情况下，后者受到的惩罚更为严厉，可行使的权力也更少。有时，皇帝会因为急于笼络军心而格外优待士兵，比如在士兵入伍以及罗马军大捷或征服新领土时赏赐他们，或发放特别军饷。但这些措施并没能阻止士兵叛逃，许多士兵在漫长的内战期间转而投奔其他更有声望或更加阔绰的将领。数十年的通货膨胀令正常军饷不断贬值，所以我们不能将所有士兵都视为社会特权阶层成员。到公元3世纪末，越来越多的士兵被强征入伍，而不顾他们是否愿意。再后来，士兵的儿子也被强制服兵役，企图逃避兵役者受到的惩罚也越发严苛。有些人切掉自己的拇指，让自己无法持剑或盾，试图以此非常手段免受入伍之苦。但官方颁布法令，宣布两个没有拇指的男人可以按一个五指完整的士兵战力计算征收入伍。

　　公元3世纪，罗马军团与辅助部队之间仅存的区别随着时间的推移越来越小，装备上的差异也逐渐消失。这段时间，许多军团士兵常穿的特色片状盔甲（学者称之为"环片甲"）和重标枪（pilum）逐渐被弃用。到3世纪末，军团士兵和辅助兵同样身穿链甲（mail armour）或鳞甲（scale armour），手持椭圆形盾牌，使用各种长矛和标枪进行战斗。大约同一时期，过去多为骑兵所使的长剑（spatha）替代了著名的短剑（gladius），成为步兵的兵器。一些队伍还启用了铅头飞镖（plumbatae），某些人会将这种飞镖截短别在盾牌后面。到4世纪，军团的规模比以前小了许多，可能只有1000~1200人，只比辅助部队的步兵队人数稍多一些。许多军用装备也由士兵在军队基地各自制造，转为由国家工厂制造，所以我们可以推测，其外观也会变得更简单、统一，更方便大规模量产。服饰风格当然有所改变，长袖紧身短上衣和长裤开始普及，就连皇帝在作战时也会穿类似式样的服装。

罗马帝国及其军队发生变化的同时，各地的发展也在继续。大约公元4世纪初，哨站要塞被废弃，哈德良长城上要塞的性质也发生了重大变化。乡镇繁荣了一段时间，却渐渐衰落，直至几乎彻底消亡。这变化可能最早发生于公元280年左右，到公元4世纪初已成定局。文德兰达要塞中有一座朱庇特·多利刻努斯的神庙，建于公元3世纪，这在更早的时期是无法想象的。有明确证据显示，公元4世纪的要塞内部有平民生活，证据包括人们发现了一片显然曾被用作集市的区域，而这也反映出其他要塞的情况。看起来卫戍部队的规模很有可能缩减了。这一点就其本身而言很可能导致住在外围乡镇的人口随时间发展而减少，平民逐渐成为军事社区的一部分，搬入要塞生活，以致原先的定居点逐渐消失。与此同时，许多来自罗马帝国其他地区的货物逐渐在要塞中失去踪影，可见许多长途贸易也经历了由衰落至完全中止的过程。硬币仍然常见，但这一时期的货币币值通常较小，看来士兵人数变少，也负担不起奢侈品了。要塞里再也没出现过如萨摩斯陶器（samian pottery）或是盛橄榄油的双耳细颈瓶之类的货物，尽管它们都是被人从外省带来的，但在过去很常见。相比之下，科布里奇和卡莱尔之类的城镇仍然繁荣，所以很可能有些商人转而去了这些更大的社区。

公元4世纪初，南希尔兹曾经历重建，新建筑环绕位于要塞中央的十字路口而建。就此意义而言，这是对传统要塞布局的一次突破，但其内部的10座营房还是与公元3世纪的小楼十分相似，总部也没什么不同。将领官邸坐落于要塞的东南角，但建筑风格仍是熟悉的地中海庭院式住宅，直到约公元370年或380年之前，一直有人居住于此。无论要塞将领出身何地，他们显然都希望能像前人那样过上意大利绅士的生活。

不过，在其他方面却有迹象表明，此时的军队缺乏早期工艺和资源。当人们发现豪斯戴德要塞的北墙不稳固时，修补措施仅仅是堆叠土堤支撑墙体。在文德兰达和伯多斯沃尔德，我们也发现了用泥土和木料完成的类似修复工程。在公元4世纪的最后几十年里，有几座要塞的营房布局变得杂乱起来，用于住宿的小建筑不再像之前那样整齐排列，而是被随意排布建造。南希尔兹要塞的官邸庭院被废弃后，原址上再也没有修建类似的宏伟建筑。在伯多斯沃尔德，一座粮仓倒塌后也未曾被重建；另一座经过改建，抬高的地板被撬起，下方原先腾空的空间重新被填满，之后铺上了新地板，原因可能是这座粮仓不再用于储藏对温度条件有要求的谷物。其他要塞遗址也出现了废弃粮仓，或将粮仓改为他用的情况，新建粮仓的规模也往往小于之前的，这说明在一座要塞中储藏如此大量的食物不再是常态，还表明即便将平民人口计算在

下页图
伯多斯沃尔德的罗马粮仓在公元5世纪经过重建，成为部落首领的木结构礼堂。

内,卫戍部队的规模也很有可能缩减了,以及要塞对本地供应的食物有所依赖。

哈德良长城上的某些变化是罗马帝国范围内变化的缩影。塞维鲁将不列颠拆为两个行省,极有可能是害怕有野心的行省总督会效仿他曾经的作为,通过战争夺权上位。自那之后,没有一个行省驻兵规模超过两个军团。这种对任何一名军官军权过重的提防,在之后的公元3、4世纪变得越发疯狂。塞维鲁对元老疑心极重,所以让一批骑士坐上高位,这样的情况在公元3世纪频繁发生,以至于最后没有一个元老手中握有军权。骑士们控制了军团和各行省,所以到后来,大部分皇帝都是骑士军官出身。到公元4世纪,不列颠已被分为4个行省(后期可能分成了5个),每个行省的军事指挥权都独立于民政管理系统。此外,驻地军队也被分为两种,即野战军(comitatenses)和边防军(limetanei),后者包括哈德良长城上的卫戍部队。两种军队各有一套独立的指挥体系。这些设置使得个人难以统筹一个行省的全部资源以应对任何重大问题,除非皇帝本人有意,才有可能统筹全局、解决问题。

但这种情况很少发生,因为罗马帝国的内患始终比外忧先行。公元3世纪,不列颠曾不止一次在皇帝的统治下分裂,因为皇帝的权力范围并未涉及帝国全境。在那些将不列颠独立、自封为帝的人之中,卡劳修斯是最成功的一位,但就像当时的许多皇帝一样,他最终还是被谋杀了,取而代之的是他的官员阿勒克图斯。公元296年,君士坦提乌斯一世入侵不列颠,杀死阿勒克图斯并成功进驻伦敦。君士坦提乌斯原就是西部各行省的统治者，也是罗马四帝共治时期的皇帝之一。自那之后，罗马帝国有多位皇帝共同执政是司空见惯的事情，即便在帝国没有其他挑战者企图夺权的少数情况下也是如此。君士坦提乌斯在不列颠待了一段时间，可能还向北方开拔过。在那之后的10年中，他至少回过不列颠岛一次。有证据表明，在他统治不列颠期间，长城上的要塞经历过重建和修复。公元306年，君士坦提乌斯死于约克，军队随即拥立他的儿子君士坦丁为帝，随即引发了新一轮内战。君士坦丁很可能统治初期就在北方参战过，因为他曾自称"不列颠大胜者"（Britannicus Maximus），但后来他将统治的大部分时间都花在了内战的备战和作战上，因为他要一步步将整个罗马帝国都纳入自己的统治范围之中。公元342至343年的冬季，他的一个儿子来到不列颠，很可能是因为这里发生了更多的战事。据史学家兼前军官马塞林记录，公元360年，皮克特人和苏格兰人（似乎是一个从爱尔兰来到苏格兰的部族）打破了"……边境近郊荒地业已约定的和平，恐惧席卷了外来者"。野战军的四个单位——最多只有几千人的队伍——以及一名经验丰富的指挥官被派往当地解决这个问题。公元367至368年，前述的两个部落与先前未知的阿塔柯提人组成了所谓的"野蛮人共谋"，再度向不列颠发起突袭。他们一路南下，杀死了一名罗马指挥官，还生擒了另一名。这次突袭得到了罗马侦察兵的帮助，那些泄露消息的士兵随即被革职。但一如既往，罗马再次派出另一名信得过的干将，带领四支军队前来重掌战局——这次来的正是未来皇帝狄奥多西的父亲。这两场战事都说明,不列颠边境的防御力量变弱了,致使外敌突袭的规模和频率急速上升,直到战力相当的援军赶来将侵略者彻底驱逐出行省。[33]

公元382年,来自西班牙的马格努斯·马克西穆斯时任不列颠军队督军(dux,罗马军队后期的一个军衔),与来袭的皮克特人和苏格兰人交战。在这场胜仗的鼓舞下,第二年他就自称为帝,直接挑战当时西部各行省的皇帝格拉提安的权威。马克西穆斯入侵高卢,但很显然,在那之前他已获得格拉提安身边许多高级军官的支持。两军相遇于鲁特西亚(今巴黎)附近,几场小规模的战斗后,格拉提安的军队便集体叛逃了。战败的皇帝只能逃亡,但最后还是被抓住并处决了。马克西穆斯就此接管了阿尔卑斯山北部的所有行省,并希望能得到当时东部皇帝狄奥多西的承认。在他们谈判的过程中,帝国获得了几年短暂的平静。公元387年,马克西穆斯再次诉诸武力,攻占了意大利。转年,狄奥多西发动快攻作为还击,马克西穆斯战败,被俘后惨遭斩首。之后,马克西穆斯的支持者又燃起了几次战火,但都遭到镇压,西部行省再次被收归于狄奥多西及其两位年轻共治者的统治之下。

这些事件后来成了吉卜林笔下的百夫长帕尼修斯故事的背景,这位百夫长的任务便是守卫长城,即便在大批不列颠驻军被调去参加内战时也未改变。事实上,虽然马克西穆斯在争权夺位的过程中抽调了许多行省卫戍士兵,但我们并不知道那时北部地区究

公元3世纪初的两名罗马军团士兵,他们的衣着装备发生了明显的改变,呈现出一种军团与辅助部队的融合风格。

竟发生了什么。一些士兵不可避免地死在了内战的战场上，一些因病而亡，还有一些可能再也没有被送回不列颠的基地。任何一场内战都会削弱罗马帝国的边防力量，如果行省直接被卷入战争，后果必然更糟。不列颠的卫戍力量就其行省大小而言可算强悍，所以掌控不列颠的人总有足够的自信一争帝位。作为一座岛屿，不列颠还提供了一个相对安全的基地，欧洲大陆上的皇帝难以在新政权尚不稳定的初期快速对其发起反攻。但即便如此，一位有抱负的皇帝要想掌控不列颠所有驻兵也并不总是一件易事。

公元406至407年，至少有三名篡位者在不列颠称帝，前两个都被自己的下属军官迅速谋杀了。第三个是君士坦提乌斯三世，他召集了一支人数足够的军队攻入高卢，并在一小段时间内统治了帝国西部相当大的一部分地区。被留在不列颠的军队显然认为自己被忽视了，便起兵造反，拒绝他的统治。据后期一份未必可靠的文献称，公元410年，不列颠曾派出代表前往意大利觐见皇帝霍诺留，向其请求支援，以对抗蛮族的入侵，但得到的回复，按拜占庭作家左西莫斯所写，却是被告知应"自行抵御"。很显然，那时罗马帝国已不再为不列颠出力，所以实际上不列颠已不再是帝国的一部分。在此之前的几年里，罗马帝国新铸的货币就已停止向不列颠岛大量输送，显然标志着岛上军事和民政管理的终止。无论其间具体细节如何，公元5世纪初，西罗马帝国对不列颠的官方统治结束了。

随着时间流逝，罗马帝国在多个边境地区的战力几乎同时被削弱，并随着几代人内部的权力斗争和战争逐渐消亡了。并非某一事件导致了这种削弱，也没有什么事件标志着罗马帝匡荣光不再，但各行省一再成为失地，而且再也没能被收复回来。就考古发现来看，哈德良长城上的驻兵应该在整个公元4世纪及5世纪初都还在一直履行着职责。偶尔有新的单位增援他们，巩固卫戍力量，但仍会出现边防力量薄弱的情况，而且恐怕比过去更常见。不过，边防力量从未溃散，在罗马统治不列颠期间，哈德良长城还是坚守到了最后一刻。随着罗马帝国日渐衰落，它不再有能力维持偏远行省的军队和卫戍力量。不断打响的内战会将士兵一次又一次从不列颠调离，最终摧毁当地的行政管理制度。

到公元4世纪，怀疑和恐惧已成为高级军官和高级官员的职场文化，因为他们知道，一旦被指控对皇帝不忠，等待自己和家人的可能只有酷刑和死亡。那些忠诚又有能力的将领不止一次认为自己除了反抗别无选择，因为他们的军功让皇帝视他们为威胁。这样的风气无法鼓舞人们发挥才能、奋勇进取，长期以来的不安全感和相互猜疑，反而让所有军官和行政官员消极怠工。政府核心不作为，帝国自然无力统筹大量资源解决边境问题。很难说当时罗马帝国来自外敌的威胁是否更严重，但帝国应对这些威胁的能力无疑是衰弱了。外敌的每次成功突袭都会鼓励更多侵略者，犹如滚雪球一般，罗马帝国政府面临的问题急速膨胀。如果有机

下页图
豪斯戴德西侧的梧桐峡口是哈德良长城沿线的著名景点之一，甚至出现在了凯文·科斯特纳的电影《侠盗罗宾汉》(*Robin Hood: Prince of Thieves*)中。

这两名士兵的形象是公元3世纪末至哈德良长城被废弃这段时间内长城驻军的典型形象。

会,罗马军队仍是一支有力的队伍,比外敌装备更强、纪律更严明、训练更到位,通常能在作战中击败敌军。可支撑这种精良军队的行政、财政及后勤体制却长期衰败,令各行省军队越来越难以保持原有的高素质。雇用那些和来袭者出身相同、首领相同的同盟部落战士参与短期作战通常比较容易,但要想掌控这样的力量却很难,尤其是当时罗马帝国内部权力斗争不断,那些雇佣兵常会发现自己在某场内战中站在了失败者那队,该付钱的雇主很可能突然就消失了。

据说来自日耳曼北部的撒克逊人曾于公元367年入侵不列颠。公元4世纪初,东部及南部沿海地区的基地便由一位"撒克逊海岸伯爵"(comes litoris Saxonici per Britannias)统领。关于这位军官的职责主要有两种看法:一种认为他负责统领罗马军队,抵御自海上而来的撒克逊人的袭击;另一种则认为他负责统领驻扎于这些基地的撒克逊盟军。那时,长城上的单位已被并入另一支部队中,受"不列颠尼亚督军"(dux Britanniarum)指挥。不列颠被分成了四五个行省。公元4世纪,也可能更早,岛上的每个重要城镇都建起了防御墙,这个事实加深了人们的不安全感。但一如既往,相关证据太过薄弱,我们无法轻易断言当时这些地区遭受突袭的规模和频次,也无法确定这些就是最常经受袭扰的地区。许多袭击似乎都来自海上,从海上进攻无疑比试图穿越长城更容易。公元5世纪,16岁的圣帕特里克被来自爱尔兰的海盗从不列颠西部绑走,但我们不知道这发生于罗马统治结束前还是结束后。因为正如先前所言，不列颠脱离罗马帝国的时间和方式，具体细节现已不可考。某一来源称，不列颠群体的代表在公元5世纪中叶，曾向当时西部地区的皇帝请求援助，但没能成功。不过，不列颠与欧洲大陆仍通过天主教会维持了一段时间的往来。给人的感觉是，从前的不列颠行省被分裂成了许多由皇帝或军阀领导的独立国家。这些国家可能经常彼此为敌，常发生小规模战役，类似于那些导致了罗马帝国分裂的权力斗争和内战。

而在这最后几十年间，哈德良长城上发生的事更加不明朗。在南希尔兹发现了两具带伤的骸骨，可追溯至公元5世纪初。这些骸骨似乎被暴尸了一段时间，之后才被埋在官邸庭院旧址的坑里。类似这样的暴力插曲，无论其本质及影响如何，都没有终结要塞里的生活，其中一些建筑仍然在用。有证据显示，哈德良长城沿线的几座要塞仍有人居住，且至少持续了几代人之久。有些人在当地有足够的能力将长城维持在合理的修复状态，可能还有武装追随者作为卫戍兵驻扎于此。有人认为，这些后来的驻扎者是从前的卫戍兵及将领的后代，也有人认为，他们是崭露头角的新王国的首领。无论后来者出身如何，比起正规军单位，他们可能更接近部落贵族的战团。

在伯多斯沃尔德，崩塌的粮仓被用作一座巨大木结构建筑的地基，那些旧石板和其他石料被用来铺设地板。附近的出入口经过了修复，粮仓旧址上又建起另一座大型木结构建筑。这两座建筑看起来都更像部落酋长的宴会厅，而非罗马军事建筑，公元5

世纪的要塞通常更接近丘堡，而非职业士兵的基地。不过，这种转变可能是逐渐过渡的。公元4世纪的大部分时间里，长城城墙和里堡都有人驻扎，并受到了良好的维护，但没有证据表明在那之后这种情况仍旧被有组织地坚持了下去。这里的势力与社会都在逐渐本地化。或许某些群体还是喜欢把自己当成文明的"罗马人"，并尽最大努力维持旧习，所以他们的生活方式并没有突然出现转变。

然而，随着时间的推移，改变也在推进，富足和稳定不再，需要以此为根基的技术生产力和工艺技巧也随之消失。旧行省仅存的城镇规模不断缩小，住宅区和其他社区也衰落了。没人有能力建造新建筑或沟渠，不久之后，人们连维护既存设施都做不到了。一支如罗马军队般有组织的专业战斗军队，需要巨大的政治力量与庞大的资源才能维持运转。虽然钱可能一时之间不成问题，但政治支持和其他资源已无法在不列颠找到，并且最终在罗马帝国的所有西部行省都不复存在了。公元5世纪，圣瑟威立努在多瑙河地区的行省颇为活跃，他的自传中曾提及一支被孤立的卫戍部队，当时这支部队已有相当一段时间没有收到军饷和军令了，却仍在尽最大努力坚守岗位。后来，部队派代表团前往意大利，寻求政治和资源支持，但代表团却在途中遭遇一队蛮族，被残忍杀害了。[34]

公元5世纪，盎格鲁人、撒克逊人和其他日耳曼部族的影响力及势力不断增强。这段时期的考古证据很少，且常令人感到困惑难解，学者们也常为证据该如何解读而激烈争论，想必读者也不会为此感到惊讶。但有一点毫无争议，随着时间的推移，罗马律法被日耳曼律法取代，拉丁语被盎格鲁－撒克逊语取代，基督教被日耳曼宗教取代，后罗马时代崛起的王国也被盎格鲁－撒克逊王朝统治的新王国取代，这些新国家在几个世纪后会融合成英格兰。罗马帝国终结了。在不列颠西部，诸如威尔士和康沃尔等地区，不列颠王国仍留存下来，除此之外，岛上几乎再没有帝国的什么遗产了。罗马帝国只留存于"切斯特""卡斯特"等地名（这些词语源于拉丁文的castra，即"营地"），以及那些更引人注目的遗留自罗马时代的道路和纪念性建筑中。其中最宏伟的当然要数哈德良长城，但随着时间流逝，它和其他建筑一样崩塌了。当天主教传教士说服盎格鲁－撒克逊人成为基督教徒时，新国王和新贵族对前所未有的宏伟教堂和修道院的渴望，驱使人们将长城和其他旧罗马建筑视作现成的石料来源。哈德良长城的大部分墙体被故意拆下，旧石料有了新用途。岛上的生活仍在继续，人们耕种、照顾牛羊牧群、祭拜新教，发起新的战争和争论。

哈德良长城所处的位置接近（有部分正处于）英格兰和苏格兰的边界线，也正因如此，罗马时代终结后，长城周边地带见证了无数战事和暴行。特别是在16世纪，"边境流寇"趁中央权力薄弱时作乱于这片地区，发起了波及数代人的突袭和争斗。1745年，邦尼王子查理南下，跟随他的是那支由高地人和低地人组成的詹姆斯党军队、法国人增援的爱尔兰和苏格兰常规军，以及不久之后加入的一些英格兰志愿军。他们一路行进至西海岸，而当时在纽卡斯尔率领政府军的韦德元帅来不及带兵赶至卡莱尔拦截他们，因为没有一条好路能负担炮兵和辎重部队前行。为防止再吃此类败仗，1752年，一条新路修成了。不出所料，这条路的最佳路线便是沿哈德良长城延伸数英里，长城的残垣断壁在此过程中被拆除，石料成了道路的地基。今天，当你沿B6318公路行驶时，便是走在当年沿长城而建的韦德大道上，往往一边是壕沟，另一边则是壁垒。

历史永远不会停滞不前，当务之急和回忆都会发生变化。罗马时代终结后不久，长城究竟为何而建就已经让人们感到困惑，因为他们根本懒得去想这件事。公元6世纪中叶，不列颠僧侣吉尔达斯曾在作品中模糊地提及了这段历史，称长城是在不列颠脱离罗马后才建起的。在他的版本中，不列颠人先建造了草泥墙，目的是抵御皮克特人和苏格兰人，但发现这种做法收效甚微后，便向罗马帝国寻求帮助。他们为此发起远征，并建起了一座更有效的石头城墙，但这也只能给他们提供一些喘息的机会。没多久，孱弱的不列颠卫戍兵就守不住长城了。公元8世纪，比德曾给出了比前者略为准确的描述，至少在他的笔下，哈德良长城的首次修建与塞维鲁有关。但他仍受到了吉尔达斯的影响，或是采信了与其相同的信息来源，因为他宣称，公元5世纪，不列颠人先用草泥修建了安东尼长城，后来在罗马人的帮助和鼓励下，才建起了石墙。[35]

中世纪，人们对长城有不少疑惑，但随着时间推移，人们逐渐接受了一种观点,即塞维鲁曾下令建造了一座宏伟的长城,虽然这座长城还是常被人们与皮克特人及苏格兰人的军事威胁联系起来。文艺复兴时期,学者们开始从文献资料的只言片语以及仍可见于地表的伟大遗迹中,拼凑出哈德良长城的故事。1584年,德国旅行家卢波德·冯·韦德尔看见了"一条由塞维鲁皇帝下令挖掘的壕沟,用于将苏格兰与英格兰分隔开,还有一些城墙地基,这城墙是由哈德良皇帝下令修建的,以抵御常常入侵英格兰的苏格兰人"。有意思的是,他的观点恰恰与当时的学者相悖,后者多认为草泥墙——实则是壁垒——是由哈德良下令建造的,而石墙则源自塞维鲁的命令。这或许反映了这位旅行家的向导给他提供的糊涂观点。直到后来几个世纪,古文物研究者才慢慢揭开了关于哈德良长城的故事,如今这项工作仍在继续。[36]

******

拜访哈德良长城

哈德良长城的中段是人们最常参观的部分，确实有其吸引力。豪斯戴德、切斯特斯和伯多斯沃尔德的要塞，都能让人很好地领略古代基地的风采，每处基地都设有博物馆，科布里奇的平民城镇也是如此。文德兰达（切斯特霍姆）值得花上至少半日游览，因为除了遗址本身，夏季这里还会继续进行考古发掘，更何况还有极棒的博物馆。虽然每年考古发掘的侧重点都不同，但文德兰达信托基金会设立了优秀的网站（http://www.vindolanda.com/），提供近期以及当前进行的发掘活动的详尽信息。若有时间，它的姐妹遗址——卡沃兰的罗马军队博物馆也值得一看。

这片地区有很多可供人散步欣赏的壮丽乡间景色。我最爱的便是在斯第尔里格（有一处停车场）与豪斯戴德之间的道路上散步。那里不仅景致非凡，还能使游客对哈德良长城有个不错的初步了解。在那里，游客不仅可以看到已被发掘的39号里堡和37号里堡，以及尚未发掘的38号里堡，还能见到皮尔谷增设的塔楼。如果从斯第尔里格步行出发，几分钟后就需要爬上皮尔谷的台阶和岩石，那是最难走的地段，潮湿天气路会很滑。但如果成功地走过了这段路，剩下的行程就可以按照自己的节奏轻松前行了。行进过程中，可以频频停下脚步，欣赏周边风景，回头远眺连绵起伏、向西延伸的长城。若只想快速看一两眼长城，沃尔敦峭壁则是另一个深受欢迎的好去处，连绵的崖壁上适当设有指示牌，也有停车场。如果不想走回头路，也可使用连接各主要遗址景点的巴士服务，欲了解详情可登录：http://hadrianswallcountry.co.uk/

travel/bus。

如果时间允许,波尔特罗斯河的48号里堡和卡洛堡的密特拉神庙也非常值得一探。卡洛堡这座拜祭东方神的神庙虽然狭小,却有着抹灰篱笆墙式的内墙设计,还可看到三个在此出土的祭坛复制品(真品现收藏于纽卡斯尔的大北方博物馆)。卡洛堡要塞向参观者展示了未经发掘的要塞的真实样貌,与那些经过更多考古发掘的遗址形成了鲜明对比。这两处遗址外都有停车场,但要注意观察指向波尔特罗斯河的路标,因为在那个位置,从东驶来的方向有一个急转弯,就在铁路桥前。卡洛堡就坐落于韦德元帅修建的军用大道上(B6318),石灰岩角也一样。沿公路行驶即可欣赏壁垒与壕沟,也能途经许多重要遗址,所以如果没有散步的闲暇和闲情,驾车走马观花也是个不错的选择。即便如此,若打算在各处遗址逗留参观,还是建议穿上一双牢固可靠的鞋,下行抵达卡洛堡密特拉神庙的道路终年泥泞难行。

在东部地区,游客可乘坐公共交通度过轻松的一天,游览纽卡斯尔及其周边地区,并参观沃尔森德和南希尔兹。每处要塞都有复原建筑及博物馆,而在市中心的大北方博物馆,则设置了专门的展厅展览哈德良长城相关文物。在西部地区,卡莱尔的图利别墅博物馆相当不错。在坎布里亚海岸,玛丽波特的森豪斯博物馆也值得一去。

下页图
切斯特斯要塞外的浴场,要塞紧邻北泰恩河而建,附近河段上曾有一座大型罗马拱桥。

若有足够的时间和精力步行,还可尝试沿哈德良长城步道游览,这条路连接东西海岸,长达84英里(135千米)。沿路而行可欣赏优美的乡村风光,即便对考古学和当地历史兴趣不大,能目睹这番风景也是绝佳的享受。市面上还有几本不错的旅行指南,网上也有详尽信息可供参考,欲了解更多,可登录网站查询,如:http://hadrianswallcountry.co.uk/walking/hadrians-wall-path-national-trail。另外,即使在夏季,也别忘了考虑各种可能出现的天气情况。

推荐阅读

要想通过一册书了解哈德良长城,最好的选择莫过于 D. J. Breeze 和 B. Dobson 所著的 *Hadrian's Wall*(第 4 版,2000)。关于哈德良长城步道有很多不错的旅行指南,但任何想要认真游览的游客都应带上 D. J. Breeze 的 *J. Collingwood Bruce's Handbook to the Roman Wall*(第 14 版,2006)。

对想要研究考古证据并进一步了解更多相关解读细节的读者,入门可参考:M. F. A. Symonds and D. J. P. Mason (eds), *Frontiers of Knowledge. A Research Framework for Hadrian's Wall, Part of the Frontiers of the Roman Empire World Heritage Site. Vol. I. Resource Assessment* (2009)。还有一些不错的论文集如:P. T. Bidwell (ed.), *Understanding Hadrian's Wall* (2008),P. T. Bidwell and N. Hodgson (eds), *The Roman Army in Northern England* (2009),R. Collins and M. Symonds (eds), *Breaking Down Boundaries. Hadrian's Wall in the 21st Century. Journal of Roman Archaeology Supplementary Series* 93 (2013)。另有一份见解颇为独到的证据调研报告:N. Hodgson, *Hadrian's Wall 1999–2009. A Summary of Excavation and Research Prepared for the Thirteenth Pilgrimage of Hadrian's Wall*,*8–14 August 2009* (2009)。想要将长城与罗马其他边境地区对比研究,则可阅读 D. J. Breeze 的 *The Frontiers of Imperial Rome*(2011)。

关于一些更具体的主题，P. Hill 在 *The Construction of Hadrian's Wall*（2006）中对长城建造和维护的诸多实际操作提出了颠覆性的新见解，是最易理解的相关阅读材料。J. Poulter 也在 *The Planning of Roman Roads and Walls in Northern Britain*（2010）中为大众读者展现了他在对哈德良长城布局规划的理解方面的突破性成果。R. Collins 的 *Hadrian's Wall and the End of Empire: The Roman Frontier in the 4th and 5th Centuries*（2012）记录了针对长城后期情况最为详尽的考察。G. B. D. Jones 和 D. J. Woolliscroft 的 *Hadrian's Wall from the Air*（2001）为读者提供了一种看待长城及其遗址的新鲜视角，并附有精美的插图。要想了解哈德良长城的研究史，可参看 D. J. Breeze 的 *Hadrian's Wall: A History of Archaeological Thought*（2014）和 W. D. Shannon 的 *Ille Murus Famosus*（《那座著名的长城》）。*Depictions and Descriptions of Hadrian's Wall before Camden*（2007）包罗了中世纪及文艺复兴时期关于长城的研究细节。关于罗马军队，从我的 *The Complete Roman Army*（2003）以及 D. J. Breeze 的 *The Roman Army*（2016）中都可以有所了解。

大量关于哈德良长城的研究已发表在泰恩河畔纽卡斯尔古物收藏家学会的 *Archaeologia Aeliana* 期刊上。近期比较值得关注的文章包括：

D. J. Breeze, 'Did Hadrian design Hadrian's Wall?', *AA 5th Series* 38 (2009), pp. 87–103

———'The Vallum of Hadrian's Wall', *AA 5th Series* 44 (2015), pp. 1-29

D. J. Breeze and P. Hill, 'The foundations of Hadrian's stone wall', *AA 5th Series* 42 (2013), pp. 101-14

M. Corby, 'Hadrian's Wall and the defence of north Britain', *AA 5th Series* 39 (2010), pp. 9-13

B. Dobson, 'The function of Hadrian's Wall', *AA 5th Series* 14 (1986), pp. 1-30

J. Gillam, 'The frontier after Hadrian – a history of the problem', *AA 5th Series* 2 (1974), pp. 1-16

E. Graafstal, 'Hadrian's haste: a priority programme for the Wall', *AA 5th Series* 41 (2012), pp. 123-84

M. Symonds, 'The construction order of the milecastles on Hadrian's Wall', *AA 5th Series* 34 (2005), pp. 67-81

H. Welfare, 'Causeways, at milecastles, across the ditch of Hadrian's Wall', *AA 5th Series* 28 (2000), pp. 13-25

H. Welfare, 'Variation in the form of the ditch, and of its equivalents, on Hadrian's Wall', *AA 5th Series* 33 (2004), pp. 9-23

此处提供的目录简短且不完整，无法完全列出有关哈德良长城的丰富学术研究，但上述作品仍提供了不少信息，可供想要深

下页图
南希尔兹要塞大门的复原建筑，可见当时罗马军事基地入口的宏伟风采。

入研究长城课题的读者参考。

纽卡斯尔大学开设了有关哈德良长城的免费在线课程,欲了解详情请浏览:https://www.futurelearn.com/courses/hadrians-wall。哈德良学会也非常有趣,感兴趣的读者可登录:http://www.hadrianicsociety.com/。

相关事件年表

公元前55年
尤利乌斯·恺撒入侵不列颠东南部。

公元前54年
尤利乌斯·恺撒远征不列颠东南部,但在这一年结束之前就离开了。

公元前27年至公元14年
奥古斯都成为罗马第一位皇帝。尽管诗人们兴致勃勃地描绘着征服不列颠的画面,但皇帝并无此意。

公元41至54年
克劳狄乌斯在位。

公元43年
克劳狄乌斯派大军入侵不列颠,几年之内,罗马就拿下了不列颠的东南部。许多土著部落及其首领都欢迎罗马人,并与其结盟,也有一些部落选择与罗马交战,但都被击败了。

公元54至68年
尼禄在位。

公元60至61年
布狄卡领导的起义在南部地区造成了大范围的破坏。她最终战败,起义军也被残暴地镇压了。自此之后,不列颠南部再也没有发生过反抗罗马统治的起义。

约公元72至73年
罗马人在卡莱尔建起一座要塞,这是位于今英格兰北部的诸多军事设施之一。

公元78至84年
尤利乌斯·阿古利可拉任不列颠总督,在今苏格兰地区率领罗马军队打响一系列激烈战役,最终在格劳庇乌山(具体地点不明)之战中获胜,就此平息战火。这段时期,福斯河北部、苏格兰东南部的沿海平原上建立起一座座军事要塞,其中包括英赫图梯的罗马军团要塞。

约公元86至87年
由于不列颠卫戍部队规模由四个军团缩减至三个,福斯河北部的基地被罗马军队废弃。

公元98至117年
图拉真在位。这一时期罗马帝国的军事活动主要发生于多瑙河地区,后期则在东部。我们对这段时期不列颠的情况知之甚少,卫戍部队规模可能缩减至两个军团。有迹象表明不列颠北部曾爆发一些战争。

约公元106年
罗马军队废弃了苏格兰南部的大部分遗留要塞。斯塔内盖特"石路"沿线的要塞仍有驻兵，恰处于后来建成的哈德良长城南侧。"石路"的具体建成时间不明。

公元117至138年
哈德良在位。他放弃了图拉真的东征计划，边境地区在他的统治下经历了一段稳定且团结的时期。在位时将大部分时间用于巡行各行省。他执政初期不列颠北部的麻烦已得到证实，而在他执政期间不列颠可能还发生过至少一次战事。

公元122年
哈德良巡行不列颠。第六胜利军团加入不列颠卫戍部队。在哈德良来到不列颠之前或在其逗留期间，他下令建造了哈德良长城。

公元138至161年
安东尼·庇护在位。与哈德良不同，安东尼·庇护在整个统治期间从未离开意大利。在他执政初期，不列颠北部可能爆发了一场大战。他决定废弃哈德良长城，在福斯—克莱德运河沿线建造安东尼长城。

公元158年
有证据表明，这一时期哈德良长城上又出现了建筑工程。大约在这段时期，安东尼长城被废弃——在安东尼·庇护执政末期，或是在他的继任者马可·奥勒留执政初期。哈德良长城再次成为主要边防设施。

公元161至180年
马可·奥勒留在位。他执政期间，罗马帝国接连经历了一系列的瘟疫暴发，人口大规模死亡。多瑙河边境地区也爆发了一连串重大战事。不列颠北部的动乱可能出现在他执政初期或之后的某个时期。

公元180至192年
康茂德在位。不列颠北部发生动乱，罗马军在平定战事前，至少经历过一次惨败，一名军团长身亡。

公元184年
庆祝不列颠战争胜利的纪念币发行。

公元197至211年
塞普蒂米乌斯·塞维鲁在位。他是漫长内战的胜利者，在位期间将大量时间用在巩固自己的权力上。在他执政初期，不列颠土著部落曾向北部发起一场大规模攻击。

公元208至211年
塞维鲁率大军远征不列颠，与喀里多

尼亚人激烈交锋。塞维鲁最终死于约克。

公元293至305年
"恺撒"（或称罗马帝国西部皇帝）君士坦提乌斯在不列颠参与了不止一场战事，最终死于约克。

公元3世纪
我们几乎无法得知该世纪剩余时间里发生于不列颠北部的事件。

公元306至337年
君士坦丁一世在位。他在一系列内战中统一了罗马帝国。他皈依了基督教，终结了几个世纪以来不时发生的对该宗教的迫害问题。

公元314年
君士坦丁一世自称"不列颠大胜者"，暗示他可能在不列颠打过一场胜仗。

公元360年
皮克特人和苏格兰人突袭不列颠北部地区。

公元367年
皮克特人、苏格兰人和一队身份不明的"阿塔柯提人"向不列颠行省发起了几次大规模突袭。有相当一部分罗马侦察员和间谍与他们共谋。一位罗马将领在一次惨败中被击杀，但最终局势还是得以恢复。

公元382年
在新一轮突袭后，马格努斯·马克西穆斯发动了对皮克特人和苏格兰人的反击。他最终获胜，并由此受到激励，于不列颠自称为帝。六年后，他在意大利战败并丧命。

公元410年
传统上认为，罗马帝国在这个时间结束了对不列颠的统治。实际情况更为复杂，但自公元407年前后，再没有新铸的罗马货币流向不列颠，这表明官方行政管理及士兵薪酬制度的终结。此类基础建设的缺失意味着不列颠实际上已不再是罗马帝国的行省。

下页图
哈德良长城上一段城墙的复原建筑，建于沃尔森德要塞附近的城墙地基旁，由此可见狭道上障碍物的位置。

附录

哈德良长城沿线要塞中已知和可能存在的卫戍部队情况（列表依据 Breeze 和 Dobson，2000）：

要塞	公元2世纪	公元3世纪	约公元400年
沃尔森德	混合步骑兵队？ 第二内尔维罗马公民步兵队	第四林贡斯混合骑步兵队	第四林贡斯步兵队
纽卡斯尔	？	第一乌尔比亚图拉真古贝尼罗马公民步兵队	第一克洛维步兵队
本威尔	骑兵队？ 第一汪基纳内斯千人混合骑步兵队	第一阿斯图里亚斯骑兵队	第一阿斯图里亚斯骑兵队
罗德切斯特	混合步骑兵队？	？	第一弗里斯步兵队
霍尔顿切斯特斯	混合步骑兵队？	萨宾尼亚纳骑兵队	
切斯特斯	奥古斯都英勇骑兵队	第二阿斯图里亚斯骑兵队	第二阿斯图里亚斯骑兵队
卡洛堡	混合步骑兵队？	第一巴塔沃鲁姆混合骑步兵队	第一巴塔沃鲁姆混合骑步兵队
豪斯戴德	千人步兵队？	第一通古伦千人步兵队 赫努迪夫里杜斯小队 弗里斯兰楔队	第一通古伦步兵队

文德兰达	第二内尔维罗马公民步兵队？	第四高卢混合骑步兵队	第四高卢步兵队
大切斯特斯	第六内尔维步兵队 第？拉埃提亚步兵队	第二阿斯图里亚斯步兵队 拉埃提亚枪兵队	第二阿斯图里亚斯步兵队
卡沃兰	第一哈米亚弓箭队	第二达尔马提亚混合骑步兵队	第二阿斯图里亚斯达尔马提亚步兵队
伯多斯沃尔德	第一通古伦千人步兵队？	第一埃利乌斯达基亚千人步兵队 班纳猎人队	第一埃利乌斯达基亚步兵队
卡斯尔斯特兹	第四高卢混合骑步兵队？	第二通古伦拉丁公民混合骑步兵队	？
斯坦威克斯	佩特里亚纳骑兵队？	两次获誉的奥古斯都佩特里亚纳罗马公民骑兵队	奥古斯塔骑兵队
布拉夫桑斯	混合步骑兵队或千人步兵队？	第一内尔维日耳曼千人混合骑步兵队 奥勒留摩尔小队 阿巴拉瓦弗里斯兰楔队	奥勒留摩尔小队
德兰伯勒	？	？	？
索尔威湾畔的波尼斯		千人混合骑步兵队？	千人步兵队？

哨站和后勤要塞	公元2世纪	公元3世纪	约公元400年
南希尔兹	步兵队？	第五高卢步兵队	底格里斯河船员小队？
伯伦斯	第二通古伦千人混合骑步兵队	被废弃	被废弃
奈特比	？	第一埃利乌斯西班牙混合骑步兵队	被废弃
比尤卡斯尔	第一达基亚千人混合骑步兵队	千人步兵队？	被废弃
高罗切斯特	第一林贡斯混合骑步兵队 第一达……？步兵队	第一忠诚瓦尔杜尔罗马公民千人步兵队 布雷墨尼翁侦察队	被废弃
赖辛厄姆	第四高卢混合骑步兵队	第一汪基纳内斯千人混合骑步兵队 拉埃提亚勇士分队 哈比坦侦察队	被废弃

致谢

　　一如既往,我必须感谢我的家人和朋友,特别是凯文·鲍威尔,感谢他阅读了本书的草稿,并在提升书稿易读性方面对我帮助良多。本书的写作基于许多致力于研究哈德良长城和罗马军队的学者的工作成果,包括我在"推荐阅读"章节中列出的作品。学者们的著作以及与他们本人的交谈,让我形成了自己对长城的理解。我并非考古学者,而是一名历史学者,比起哈德良长城,我的大部分研究更集中于罗马军队。而研究长城的学者们是如此热情,总是乐于讨论,并与我分享自己的见解。我在此必须特别感谢大卫·布雷兹和伊恩·海恩斯,感谢他们抽出时间仔细阅读我的手稿,并做出了详细的点评。他们的付出极大地提高了本书质量,尽管书中多少还有些疏漏,但也都是我个人的不足所致。在写作过程中,我始终铭记已故学者布莱恩·多布森的那句评论:"多少次,我们想要阐述有关长城的真相,都发现早已有人用更好、更清晰的方式解释过了……如果我们发现了些许关于哈德良长城的新事实,那仅仅是因为我们站在了巨人的肩膀上。"

图片来源

扉页后 Clearview / Alamy Stock Photo;
目录后 Jeff Edwards / data relief Isambard Thomas;
p. 4–5 robertharding / Alamy Stock Photo;
p. 11 Tullie House Museum;
p. 19 © Graham Sumner;
p. 24–25 Heritage-Images / CM Dixon / akg-images;
p. 29 Jeff Edwards / data relief Isambard Thomas;
p. 33 Heritage-Images / Museum of London / akg-images;
p. 37 Adrian Goldsworthy;
p. 41 Kris Daniel / Shutterstock;
p. 50 © Graham Sumner and by permission Mules of Marius exhibition;
p. 52–53 Adrian Goldsworthy;
p. 56–57 Adrian Goldsworthy;
p. 64–65 akg-images / Peter Connolly;
p. 73 Adrian Goldsworthy;
p. 79 Adrian Goldsworthy;
p. 82–83 Adrian Goldsworthy;
p. 86–87 akg-images / Peter Connolly;
p. 90–91 imageBROKER / Alamy Stock Photo;
p. 97 Max Adams;
p. 102 Adrian Goldsworthy;
p. 104–105 akg-images / Peter Connolly;
p. 106 Adrian Goldsworthy;
p. 111 akg-images / Peter Connolly;
p. 112 akg-images / Peter Connolly;
p. 118 akg-images / Peter Connolly;
p. 124 Jeff Edwards;
p. 128 Adrian Goldsworthy;
p. 131 Adrian Goldsworthy;
p. 138 © Graham Sumner;
p. 141 Jeff Edwards;
p. 150–151 akgimages / Peter Connolly;
p. 155 © Graham Sumner;
p. 158–159 Mark Godden / Shutterstock;
p. 160 © Graham Sumner;
p. 172–173 Adrian Goldsworthy;
p. 178–179 Adrian Goldsworthy;
p. 184–185 Adrian Goldsworthy.

注释

1. R. Kipling, *Puck of Pook's Hill* (1906, quoted from Penguin Popular Classics, 1994), p. 124.
2. Scriptores Historia Augusta, Hadrian 11.2; for *Vallum Aelium* see R. Tomlin, Britannia 35 (2004), pp. 344–5 (Loeb translation).
3. Cicero, *Letters to Atticus* 4.17 (Loeb translation).
4. Tacitus, *Annals* 1.11.
5. Horace, *Odes* 3.5.2–4 (Loeb translation, slightly modified); Strabo, *Geography* 2.5.8.
6. A. Bowman and J. Thomas, *The Vindolanda Writing-Tablets. Vol. II* (1994), 154, line 23, and 164 for the Brittunculi; A. Birley, 'A new tombstone from Vindolanda', *Britannia* 29 (1998), pp. 299–306.
7. 欲深入了解关于北部土著部落的考古证据，参看 I. Armit, *Celtic Scotland*（3rd edition，2016）。
8. Historia Augusta, *Hadrian* 10.2–11.1 (Loeb translation).
9. R. Collingwood, R. Wright and R. Tomlin (eds), *Roman Inscriptions in Britain* (1995), 1471 and 1475. 该作现可在线浏览：https://romaninscriptionsofbritain.org/。
10. Pausanias, *Description of Greece* 8.43.4.
11. Marcus Aurelius, *Meditations* 7.36, 8.5 (Wordsworth Classics of World Literature Series, trans. R. Hard, 1997).
12. Dio 73.1.1, 8.2, 6 (Loeb translation).
13. Dio 73.9.1–4, Historia Augusta, *Pertinax* 3.5–10 (Loeb translation).
14. Dio 76.9.4 (Loeb translation）有关硬币贮藏，见 F. Hunter, 'Denarius hoards beyond the frontier. A Scottish case study', in A. Morillo, N. Hanl and E. Martín (eds), *Limes XX. Estudios Sobre La Frontera Romana Roman Frontier Studies. Vol. 1* (2009), pp. 1619–30。

15. Bede, *Ecclesiastical History of the English People* 1.12.

16. 现在有一些考古学者质疑我们夸大了兵营外乡镇的地位。乡镇真的作为独立社区受到官方承认了吗？这些学者用"外部定居点"来形容要塞护墙之外的地区。在这样一本概括性的总览读物中，我不太可能将这样的辩论展开，所以我还是倾向于用"乡镇"二字代替这个长词组。

17. 在安东尼长城和其他一些地区，如豪斯戴德，浴场都建造在要塞内部，或至少建造在主要塞一座附属建筑的内部，这样就能受到护墙和壕沟的保护。遗憾的是，在这本小书中没有更多篇幅可供详细比较哈德良长城和安东尼长城之间的异同。

18. Ammianus Marcellinus 27.2.11.

19. A. Bowman and J. Thomas, *The Vindolanda Writing-Tablets. Vol. III* (2003), 574.

20. R. Fink, *Roman Military Records on Papyrus* (1971), 87, 99, *P. Oxy.* 39; R. Tomlin, 'Making the machine work', in A. Goldsworthy and I. Haynes (eds), *The Roman Army as a Community. Journal of Roman Archaeology Supplementary Series* 34 (1999), pp. 127–38, with M. Speidel, 'The missing weapons at Carlisle', *Britannia* 38 (2007), pp. 237–9, esp. 238–9 on the *subarmales*.

21. A. Bowman and J. Thomas, *The Vindolanda Writing-Tablets. Vol. II* (1994) 154, 225, 25.

22. M. P. Speidel, *Emperor Hadrian's speeches to the African army – a new text* (2006), pp. 12–15.

23. Josephus, *The Jewish War* 3. 73–6 (Loeb translation).

24. A. Bowman and J. Thomas, *The Vindolanda Writing-Tablets. Vol. III* (2003), 628.

25. A. Bowman and J. Thomas, *The Vindolanda Writing-Tablets. Vol. II* (1994), 301.

26. 豪斯戴德的骸骨是在一次早期考古发掘中被发现的，现在已无法进一步分析，所以我们必须谨慎看待骸骨主人目前被估算出的年龄和性别，但是它们被发现于地板之下这一事实，仍使谋杀成为最可能的解释。

27. *Roman Inscriptions in Britain* 1065.
28. *Roman Inscriptions in Britain* 1062, 1064, 1180, 1181, 1182.
29. *Roman Inscriptions in Britain* 829 from Maryport.
30. *Roman Inscriptions in Britain* 1544.
31. *Roman Inscriptions in Britain* 1041 for Silvanus, for Cocidius see 985–9, 993.
32. *Roman Inscriptions in Britain* 1142.
33. Ammianus Marcellinus 20.1.1, 27.8.1–9.
34. Eugippius, *The Life of St. Severinus* 20.1–2.
35. Gildas, *The Ruin of Britain* 1.15–19, Bede, *Ecclesiastical History* 1.12.
36. G. von Bülow, 'Journey through England and Scotland made by Lupold von Wedel in the years 1584 and 1585', *Transactions of the Royal Historical Society* 9 (1894), p. 239. 万分感谢克里斯托弗·斯帕雷—格林提醒我参考这份资料。

译名对照表

人名

A
阿尔库蒂乌斯 Arcuttius
阿赫泰拉 Ahtela
阿克西厄斯 Axius
阿勒克图斯 Allectus
埃尔托拉 Ertola
埃利乌斯 Aelius
安东尼·庇护 Antoninus Pius
安提诺斯 Antinous
奥古里努斯 Augurinus
奥卢斯·普拉托里乌斯·奈波斯 Aulus Platorius Nepos

B
巴拉茨 Barates

D
德西默斯·克洛狄乌斯·阿尔比努斯 Decimus Clodius Albinus
狄奥多西 Theodosius
狄奥尼修斯 Dionysius
多西利斯 Docilis

F
弗拉维乌斯·塞拉利斯 Flavius Ceralis

G
盖乌斯·朗吉努斯·普里斯库斯 Caius Longinus Priscus
格拉提安 Gratian

H
赫努迪夫里杜斯 Hnaudifridius
霍诺留 Honorius

J
吉尔达斯 Gildas
杰尼亚利斯 Genialis
君士坦丁 Constantine
君士坦提乌斯一世 Constantius I
君士坦提乌斯三世 Constantius III

K
卡劳修斯 Carausius
卡西乌斯·狄奥 Cassius Dio
凯里亚利斯 Cerialis
凯奇利乌斯·普罗库鲁斯 Caecilius Proculus

凯文·科斯特纳 Kevin Costner
坎迪杜斯 Candidus
克劳迪娅·塞维拉 Claudia Severa
克里森斯 Crescens
昆图斯·卡尔普尔尼乌斯·孔塞
　西尼乌斯 Quintus Calpurnius
　Concessinius
昆图斯·尤利乌斯·普罗库鲁斯
　Quintus Julius Proculus

L
雷吉娜 Regina
雷皮迪娜 Lepidina
卢波德·冯·韦德尔 Lupold von
　Wedel
路西乌斯·阿伦提乌斯·塞尔维安乌
　斯 Lucius Arruntius Salvianus
路西乌斯·阿西尼乌斯 Lucius Asinius
路西乌斯·安东尼乌斯·普罗库鲁斯
　Lucius Antonius Proculus
路西乌斯·卡米乌斯·马克西姆斯
　Lucius Cammius Maximus
路西乌斯·塞普蒂米乌斯·塞维鲁
　Lucius Septimius Severus

M
马格努斯·马克西穆斯 Magnus
　Maximus
马塞林 Ammianus Marcellinus

N
努梅里亚努斯 Numerianus

P
帕尼修斯 Parnesius
帕萨尼亚斯 Pausanias
佩特里亚努斯 Petrianus

S
塞里纳斯 Serenus
圣帕特里克 St Patrick
圣瑟威立努 St Severinus

T
特里芬 Tryphon
提图斯·安尼乌斯 Titus Annius

W
维尔利比亚 Vellibia
维克托 Victor
乌尔皮乌斯·马克卢斯 Ulpius Marcellus

X
西弗勒斯 Severus

Y
尤利乌斯·阿古利可拉 Julius Agricola
尤利乌斯·巴苏斯 Julius Bassus
有翼帽 Winged Hats

约瑟夫斯 Josephus

Z
朱莉娅·马特纳 Julia Materna
左西莫斯 Zosimus

地名

A
阿巴拉瓦 Aballavensium
阿斯图里亚斯 Asturum
艾欣河 Irthing
安格尔西岛 Anglesey

B
巴尔米拉 Palmyra
贝尔斯登 Bearsden
本威尔 Benwell
比提尼亚 Bithynia
比尤卡斯尔 Bewcastle
波尔特罗斯河 Poltross Burn
波尼斯 Bowness
伯多斯沃尔德 Birdoswald
伯伦斯 Birrens
不列颠 Britain
布拉夫桑斯 Burgh by Sands
布雷墨尼翁 Bremenienses
布鲁厄姆 Brougham

D
大莱波蒂斯 Lepcis Magna
大切斯特斯 Great Chesters
德兰伯勒 Drumburgh
德雷街 Dere Street
蒂沃利 Tivoli
多瑙河 Danube

F
福斯河 Rivers Forth

G
高罗切斯特 High Rochester
格劳庇乌山 Mons Graupius
格鲁尼亚 Gerunia

H
哈比坦 Habitancenses
豪斯戴德 Housesteads
亨伯河畔布拉夫 Brough-on-Humber
霍尔顿切斯特斯 Halton Chesters
霍特惠斯尔河 Haltwhistle Burn

J
加斯科山脉 Gask Ridge

K
喀里多尼亚 Caledonian

卡洛堡 Carrawburgh
卡姆罗多努 Camulodunum
卡帕尔 Carpow
卡斯尔斯特兹 Castlesteads
卡沃兰 Carvoran
坎布里亚海岸 Cumbrian Coast
考菲尔德 Cawfields
科里亚 Coria
克莱德河 River Clyde

L
莱茵兰 Rhineland
朗蒂尼亚姆 Londinium
卢格杜努姆 Lugdunum
鲁特西亚 Lutetia
罗德切斯特 Rudchester
罗顿山 Loudoun Hill

M
玛丽波特 Maryport
莫纳岛 Mona

N
纳格河 Knag Burn
奈特比 Netherby
南希尔兹 South Shields
纽卡斯尔 Newcastle
努梅里亚努斯 Numerianus

P
佩思郡 Perthshire
皮尔谷 Peel Gap

Q
切斯特霍姆 Chesterholm
切斯特斯 Chesters

S
上潘诺尼亚 Upper Pannonia
石灰岩角 Limestone Corner
斯第尔里格 Steel Rigg
斯恩赫德 Twenthe
斯罗普 Throp
斯塔内盖特 Stanegate
斯坦威克斯 Stanwix
索尔威湾 Solway Firth
索尔威湾畔的波尼斯 Bowness-on-Solway
索英希尔兹峭壁 Sewingshields Crags

T
特里蒙蒂姆 Trimontium

W
维鲁拉米亚姆 Verulamium
文德兰达 Vindolanda
沃尔敦峭壁 Walltown Crags
沃尔森德 Wallsend

梧桐峡口 Sycamore Gap

X
叙利亚 Syria

Y
意大利卡 Italica
因弗雷斯克 Inveresk
英赫图梯 Inchtuthil

专有名词

A
阿斯图里亚斯 Asturum
阿塔柯提人 Attacotti

B
巴塔威人 Batavian
边境流寇 Border Reivers
边缘丘 marginal mound
布里甘特人 Brigantes

D
达基亚 Dacorum
达基亚人 Dacian
达姆诺尼人 Dumnonii
大北方博物馆 Great North Museum

F
方毛石 Squared rubble
弗里斯 Frixagorum (or Frisiavorum)
弗里斯兰人 Frisian

G
古贝尼 Cugernorum

H
哈德良学会 Hadrianic Society
哈德良长城步道 Hadrian's Wall Path
哈米亚人 Hamian

J
加布兰托维塞人 Gabrantovices
军事道 Military Way

K
卡尔维蒂人 Carvetii
卡图维劳尼（人）Catuvellauni
科里奥诺托泰人 Corionototae
克洛维 Cornoviorum
快乐瓢虫童书 Ladybird
宽墙 Broad Wall

L
拉埃提亚 Raeti/Raetorum
拉奇杯 Rudge Cup
里堡 milecastle

林贡斯 Lingonum
罗波卡雷斯人 Lopocares
罗马军队博物馆 Roman Army Museum

M
迈亚泰（人）Maeatae
摩尔 Maurorum
抹灰篱笆墙 Wattle-and-daub
木屋营 Chalet-barracks

N
内尔维 Nerviorum/Nerviana
诺万特人 Novantae

P
帕里西人 Parisi
皮克特人 Picts

S
萨宾 Sabiniana
塞尔戈瓦伊人 Selgovae
塞坦特人 Setanti
色雷斯人 Thracian
森豪斯博物馆 Senhouse Museum

T
泰恩河畔纽卡斯尔古物收藏家学会 Society of Antiquaries in Newcastle-upon-Tyne
特克斯托弗迪人 Textoverdi
条形屋 strip housing
通古伦 Tungrorum
通古伦人 Tungrian
图利别墅博物馆 Tullie House Museum

W
外崖 counterscarp
汪基纳内斯 Vangionum
文德兰达信托基金会 Vindolanda Trust
沃塔迪尼人 Votadini

X
狭道 berm
蝎子弩 scorpions

Y
野蛮人共谋 Conspiracy of Barbarians
犹太战争 Jewish Revolt

Z
窄墙 Narrow Wall

里程碑文库
The Landmark Library

"里程碑文库"是由英国知名独立出版社宙斯之首（Head of Zeus）于2014年发起的大型出版项目，邀请全球人文社科领域的顶尖学者创作，撷取人类文明长河中的一项项不朽成就，以"大家小书"的形式，深挖其背后的社会、人文、历史背景，并串联起影响、造就其里程碑地位的人物与事件。

2018年，中国新生代出版品牌"未读"（UnRead）成为该项目的"东方合伙人"。除独家全系引进外，"未读"还与亚洲知名出版机构、中国国内原创作者合作，策划出版了一系列东方文明主题的图书加入文库，并同时向海外推广，使"里程碑文库"更具全球视野，成为一个真正意义上的开放互动性出版项目。

在打造这套文库的过程中，我们刻意打破了时空的限制，把古今中外不同领域、不同方向、不同主题的图书放到了一起。在兼顾知识性与趣味性的同时，也为喜欢此类图书的读者提供了一份"按图索骥"的指南。

作为读者，你可以把每一本书看作一个人类文明之旅的坐标点，每一个目的地，都有一位博学多才的讲述者在等你一起畅谈。

如果你愿意，也可以将它们视为被打乱的拼图。随着每一辑新书的推出，你将获得越来越多的拼图块，最终根据自身的阅读喜好，拼合出一幅完全属于自己的知识版图。

我们也很希望获得来自你的兴趣主题的建议，说不定它们正在或将在我们的出版计划之中。

里程碑文库编委会